Deutsch als Fremdsprache

# Grammatik aktiv

B1+

Verstehen ✓
Üben ✓
Sprechen ✓

2. aktualisierte Ausgabe

# Grammatik

**Verstehen ✓ Üben ✓ Sprechen ✓**

**2. aktualisierte Ausgabe**


von
Friederike Jin
Ute Voß



**Redaktion:** CoLibris-Lektorat Dr. Barbara Welzel
**Umschlaggestaltung:** Klein & Halm Grafikdesign, Berlin
**Illustrationen:** Bettina Nutz; Laurent Lalo (S. 40 und 41: *Würfel*); Shutterstock/Morphart Creation (S. 18: *Karl Marx*)
**Layout und technische Umsetzung:** Klein & Halm Grafikdesign, Berlin

**Redaktion der 1. Ausgabe:** Dieter Maenner (Redaktion),
Theresa Henke, Kim-Duyen Le (redaktionelle Mitarbeit)

 Siehe **Grammatik aktiv** A1–B1.

 Fehlersätze. Korrigieren Sie.

 Vorsicht! Hier gibt es Fehler. Korrigieren und sprechen Sie.


www.cornelsen.de





2. aktualisierte Ausgabe, 2. Druck 2025

Alle Drucke dieser Auflage sind inhaltlich unverändert und können im Unterricht nebeneinander verwendet werden.





Druck: Livonia Print, Riga

ISBN: 978-3-06-122966-5 (Übungsgrammatik)
Produktnr.: 1100026876 (E-Book)

# Inhalt

# 1 Konjugation Präsens

## ➡ Kapitel 2, 3, 4, 5 und 8 in *Grammatik aktiv A1–B1*

**1 Dialoge. Ergänzen Sie die Endungen.**

**a) Im Büro**

- Schnitzler.
- Herr Schnitzler, hier spricht Koester, hab____ Sie einen Moment Zeit?
- Ja, worum geh____ es denn?
- Ich hab____ hier eine E-Mail von der Firma Sanders, die ich nicht versteh____.
- Ein Herr Kolakowski schreib____, dass die Rechnung nicht mit dem Angebot übereinstimm____.
  Könn____ Sie mir bitte das Angebot schicken?

**b) Zu Hause**

- Hi, Tobi, komm____ du am Freitag auch zum Training?
- Nein, tu____ mir leid, ich kann____ nicht. Mein Vater feier____ seinen 50. Geburtstag.
  Da darf____ ich nicht fehlen. Wir hab____ das Haus voll mit Besuch.

**2 PERSONALPRONOMEN UND VERBFORMEN**

**a) Ordnen Sie die passenden Verbformen zu.**

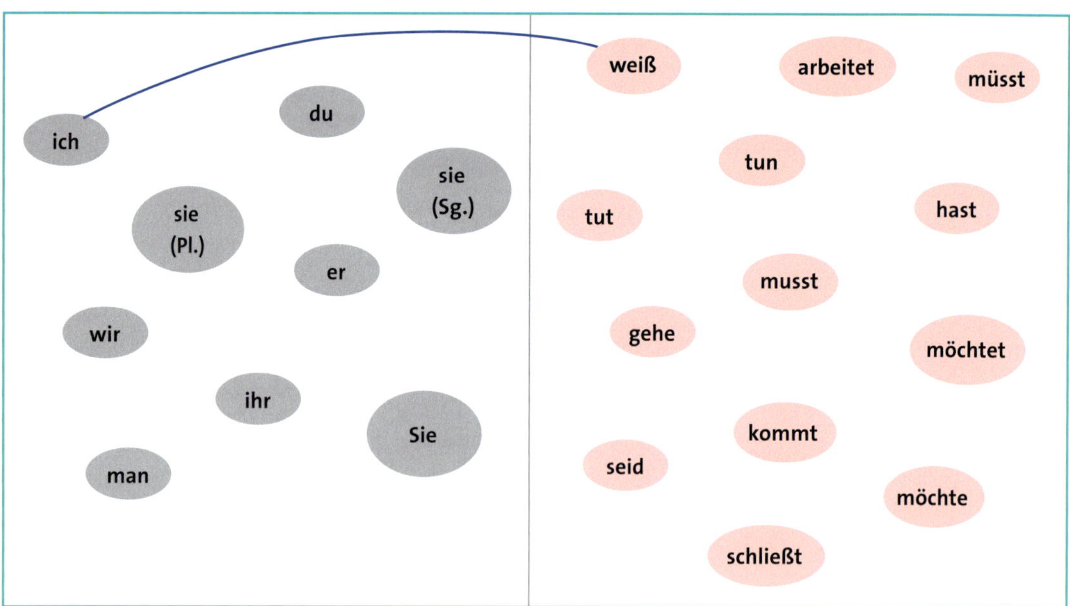


**b) Ergänzen Sie die Sätze. Bei jeder Nummer dürfen Sie nur eine Verbform aus dem rechten Kasten verwenden. Nicht alle Verben passen.**

1 *Ich weiß* / *Er weiß* / ________ / ________ nicht, ob es morgen regnet.

2 ________ / ________ / ________ / ________ / ________ Kaffee.

3 ________ / ________ / ________ / ________ / ________ zu spät.

4 ________ / ________ / ________ / ________ / ________ heute bis 18 Uhr.

5 ________ / ________ / ________ / ________ / ________ / ________ die Tür.

## 3 Ein Hilferuf. Ergänzen Sie – wenn nötig – die Endungen der Verben im Präsens.

Hallo Klara,

kenn*st*___ [1] du noch Maria? Sie wohn___ [2] in meiner WG und mach___ [3] gerade ein Praktikum im Ausland. Sie arbeit___ [4] bei Hoffmann & Malz. Sie schreib___ [5], dass sie sich sich in einer schwierigen Situation befind___ [6] und bitt___ [7] mich um Hilfe. Ihre Kollegin, mit der sie sehr eng zusammenarbeit___ [8], benimm___ [9] sich sehr komisch. Wenn Lea sie etwas fragt, dann antwort___ [10] sie entweder gar nicht oder sie reagier___ [11] unfreundlich. Sie hilf___ [12] ihr auch überhaupt nicht. Maria brauch___ [13] aber Hilfe, sie arbeit___ [14] ja erst seit ein paar Wochen dort und kenn___ [15] sich natürlich noch nicht gut aus. Und außerdem beherrsch___ [16] sie noch nicht ganz perfekt Deutsch. Wenn sie eine E-Mail schreiben muss___ [17], dann brauch___ [18] sie sehr lange, weil sie natürlich keine Fehler machen möchte___ [19]. Da habe ich an dich gedacht. Du___ [20] *(sein)* doch fit in Bürokommunikation. Kann___ [21] du ihr nicht anbieten, ihre Mails gegenzulesen? Dann brauch___ [22] sie sich um die Korrektheit nicht zu kümmern und spar___ [23] viel Zeit. Ich hoff___ [24] sehr, dass du Zeit hast und ihr hilf___ [25]! Wenn sie zurückkomm___ [26], möchte___ [27] sie dich bestimmt ganz groß zum Essen einladen.

Liebe Grüße
Manu

## 4 Sortieren Sie die Verben in die Tabelle. Ergänzen Sie bei den Verben mit Vokalwechsel die 3. Person Singular.

~~fallen~~ • machen • einladen • tragen • sagen • fangen • reden • sprechen • fahren • schlafen • nehmen • schlagen • lesen • gehen • helfen • laufen • kaufen • werden • sehen • stehen • bewerben • denken • halten • lassen • kennen • treffen • brechen • treten

Lernen Sie Verben mit Vokalwechsel immer mit der 3. Person Singular Präsens:
*empfehlen – er empfiehlt*
*gefallen – das gefällt*

**Vokalwechsel e – i:** ______, er ______ ______, er ______
______, er ______ ______, er ______
______, er ______ ______, er ______
______, er ______ ______, er ______

**Vokalwechsel e – ie:** ______, er ______ ______, er ______

**Vokalwechsel a – ä:** *fallen*, er *fällt* ______, er ______
______, er ______ ______, er ______
______, er ______ ______, er ______
______, er ______ ______, er ______
______, er ______ ______, er ______

**kein Vokalwechsel:** *machen, ...*

## 5 TRENNBARE UND UNTRENNBARE VERBEN

### a) Welche Präfixe sind trennbar, welche untrennbar? Sortieren Sie.

aus • an • ab • bei • be • ein • er • emp • ent • fern • ge • miss • nach • teil • ver • vor • vorbei • weg • zer

| trennbare Präfixe | untrennbare Präfixe |
| --- | --- |
| *aus*, ______, ______, ______, ______, ______, | ______, ______, ______, ______, |
| ______, ______, ______, ______, ______ | ______, ______, ______, ______, |



### b) Ergänzen Sie die Regel.

Die Präfixe ______, ______, ______, ______, ______, ______, ______, ______ sind immer untrennbar, sie werden nicht betont.

### c) Ergänzen Sie die Tabelle mit den Verben aus dem Kasten.

Trennbare Verben immer mit der 3. Person Präsens lernen: *ankommen – er kommt an*

beitragen • bekommen • betragen • aufstehen • ~~verstehen~~ • vorbeikommen

| | Position 2 | | Ende |
| --- | --- | --- | --- |
| 1. Ich | *verstehe* | den Redner nicht | |
| 2. Heute | | ich um 7 Uhr | |
| 3. Er | | heute nichts zur Diskussion | |
| 4. Die Teilnahmegebühr | | 250 Euro | |
| 5. Sie | | eine finanzielle Unterstützung | |
| 6. Wann | | du heute Nachmittag bei mir | |

### d) Schreiben Sie die Sätze aus 5c als Nebensatz.

1 Es ist so laut hier im Raum, dass *ich den Redner nicht verstehe.*

2 Ich habe mir den Wecker gestellt, damit ich ______________________.

3 Ich bin überrascht, dass er heute ______________________.

4 Ich kann es mir nicht leisten, an dem Seminar teilzunehmen, weil die Teilnahmegebühr ______________________.

5 Denken Sie daran, dass ______________________.

6 Weißt du schon, wann du ______________________?

## 6 Trennbar oder untrennbar? Vokalwechsel oder kein Vokalwechsel? Schreiben Sie Sätze.

1 vortragen: Heute · sie · ihre Präsentation über Wien · .

*Heute trägt sie ihre Präsentation über Wien vor.*

2 vertragen: Sie trinkt den Kaffee schwarz, weil · sie · keine Kuhmilch · .

3 nachsehen: Es ist besser, wenn · du · nicht jedes Wort · im Wörterbuch · .

4 verhalten: Ich finde, dass · der Kollege sich merkwürdig · .

5 teilnehmen: Meine Schwester · am „Bürgerforum Europa" · .

6 mitlaufen: Sie · schon seit zehn Jahren · beim Marathon in Berlin · .

7 beibringen: Ich hoffe, dass · meine Freundin · mir · Tangotanzen · .

8 verbringen: Ich · meinen Urlaub · am liebsten · in den Bergen · .

## 7 Korrigieren Sie die elf Fehler bei den Verben.

Ich ~~vorstelle~~ *stelle* heute meine Heimatstadt *vor*. Ich weiße nicht, ob ihr alle wisst, wo Stralsund liegt. Wahrscheinlich nicht, deshalb habe ich hier ein paar Power-Point-Folien.

Lea, kann du bitte das Licht ausmachen?

Hier ist eine Karte von Deutschland, und ganz oben, ganz im Osten seht man einen roten Punkt. Das ist Stralsund. Und in der Ostsee direkt gegenüber von Stralsund liegt die Insel Rügen.

Wahrscheinlich kennen ihr alle das berühmte Bild von Caspar David Friedrich mit der Felsküste von Rügen.

Stralsund ist wie zum Beispiel Hamburg, Bremen und Rostock eine Hansestadt und habt eine lange kaufmännische Tradition. Seit 2002 gehören die Altstadt zum UNESCO Weltkulturerbe.

Es gebt viele interessante Veranstaltungen in Stralsund. Mir gefalle am besten das Hafenfest, das im Juni findet statt. Wenn man möchtet, kann man in der Ostsee baden, obwohl sie auch im Sommer relativ kalt ist.

Vielen Dank für eure Aufmerksamkeit!

Wenn ihr Fragen hat, stehe ich euch gerne zur Verfügung.

## 8 Ein Blogbeitrag. Ergänzen Sie die Verben in der richtigen Form.

**Ihre Meinung: Sollen schon Kinder ein Musikinstrument lernen?**

kleinevioline

Meiner Meinung nach *gehört* [1] Musik zu unserem Leben *(gehören)*. Ein Leben ohne Musik ________________ [2] man sich in unserer Welt kaum noch ________________ [3] *(vorstellen können)*. Man ________________ [4] Musik *(streamen)*, man ________________ [5] Musik auf dem Smartphone *(speichern)* und ________________ [6] sie zum Beispiel auf dem Weg zur Arbeit *(hören)* oder man ________________ [7] in ein Konzert *(gehen)*.

Besonders schön ________________ [8] es natürlich *(sein)*, wenn man nicht nur passiv Musik ________________ [9] *(aufnehmen)*, sondern wenn man selbst aktiv Musik ________________ ________________ [10] *(machen können)*. Deshalb ________________ [11] ich es sehr gut *(finden)*, wenn Kinder ein Musikinstrument ________________ [12] *(erlernen)*. Schon kleine Kinder ________________ [13] Musik *(mögen)*. Sie ________________ [14] gerne Musik *(hören)* und ________________ [15] gerne *(singen)*.

Meistens ________________ [16] ein kleines Kind noch nicht *(wissen)*, welches Instrument es gerne ________________ ________________ [17] *(spielen „möchten“)*. Deshalb ________________ [18] man es in einer Musikschule ________________ [19] *(anmelden können)*. Dort ________________ [20] die Kinder verschiedene Instrumente ________________ [21] *(kennen lernen)* und ________________ [22] sie ________________ [23] *(ausprobieren können)*. Oft ________________ [24] *(entscheiden)* sich dann ein Kind für ein Instrument, das ihm besonders ________________ [25] *(gefallen)* und das es gerne lernen ________________ [26] *(„möchten“)*.

Allerdings ________________ [27] man auch ________________ [28] *(bedenken müssen)*, dass es viel Zeit und Geduld ________________ [29] *(brauchen)*, ein Instrument zu lernen. Die Eltern ________________ [30] das Kind zum Unterricht ________________ [31] *(bringen müssen)*, sie ________________ [32] darauf ________________ [33] *(achten müssen)*, dass das Kind regelmäßig ________________ [34] *(üben)*. Und nicht zuletzt ________________ [35] Musikstunden Privatunterricht *(sein)* und der ________________ [36] viel Geld *(kosten)*. Deshalb ________________ [37] ich gut ________________ [38] *(verstehen können)*, wenn Eltern es nicht ________________ [39] *(fördern)*, dass ihr Kind ein Musikinstrument ________________ [40] *(lernen)*.

# Wortposition

➡ **Kapitel 12, 13, 44, 45 und 46 in *Grammatik aktiv A1–B1***

2

## 1 WORTPOSITION IM HAUPTSATZ

**a) Ergänzen Sie die Regel.**

**Wortposition im Hauptsatz**

Im Hauptsatz steht das Verb auf Position ______. Das Subjekt steht ______ oder ______________ Verb.

Auch der Nebensatz kann auf Position 1 stehen, dann beginnt der Hauptsatz mit ______________.

Subjekt – Position 2: konjugiertes Verb – ... oder ... – Position 2: konjugiertes Verb – Subjekt

**b) Arbeitszeit. Setzen Sie den unterstrichenen Satzteil auf Position 1.**

1 Seit ungefähr 100 Jahren gibt es in Deutschland <u>den Acht-Stunden-Arbeitstag</u>.

______________________________

2 Die Fünf-Tage-Woche wurde <u>in den 1960er-Jahren</u> eingeführt.

______________________________

3 Heute haben wir in vielen Büros Gleitzeit, <u>während die Arbeitszeit bis in die 1970er-Jahre noch ganz festgelegt war</u>.

______________________________

4 Man kann <u>bei Gleitzeit</u> den Arbeitsbeginn relativ frei wählen. ______________________________

______________________________

5 Heutzutage praktizieren <u>sogar einige Schulen</u> in den unteren Klassen einen flexiblen Unterrichtsbeginn.

______________________________

6 In Krankenhäusern und auch in anderen Betrieben müssen die Mitarbeiter <u>dagegen</u> in Schichtarbeit arbeiten.

______________________________

7 Ein interessantes Modell ist <u>die Vertrauensarbeitszeit, bei der nur die Erledigung eines Projekts die Arbeitszeit bestimmt</u>.

______________________________

8 Auch die Arbeit im Homeoffice basiert zum Teil <u>auf dem Vertrauen des Arbeitgebers</u>.

______________________________

9 Heute müssen viele Angestellte 38–40 Stunden pro Woche arbeiten, <u>obwohl man 1990 die Arbeitszeit in vielen Branchen auf 35 Stunden pro Woche reduziert hatte</u>.

______________________________

______________________________

10 Jetzt bieten viele Branchen attraktivere Arbeitszeitmodelle an, <u>da Fachkräfte dringend gesucht werden</u>.

______________________________

## 2 DIE SATZBRÜCKE

### a) Ergänzen Sie das Verb am Ende des Satzes.

müde • gemacht • gehabt • machen • spazieren • machen • ein • zugemacht • lernen • Hausaufgaben

| | | | | |
|---|---|---|---|---|
| Ich | lade | heute meine Familie | | **Trennbare Verben** |
| Ich | muss | leider jetzt noch Hausaufgaben | | **Modalverb und Infinitiv** |
| Ich | habe | gestern auch keine Hausaufgaben | | **Perfekt** |
| Ich | gehe | viel lieber | | **Verb + Verb** |
| Ich | mache | nie gerne | | **Nomen-Verb-Kombination** |
| Ich | bin | beim Lernen eigentlich immer gleich | | ***sein* + Adjektiv** |
| Ich | würde | gerne bald Examen | | **Konjunktiv 2** |
| Das Buch | wird | jetzt für heute | | **Passiv** |
| Ich | werde | ab morgen jeden Tag viel | | **Futur** |
| Ich | hatte | bisher immer Glück | | **Plusquamperfekt** |

### b) Die neue Chefin. Setzen Sie die Wörter in Klammern an die korrekte Position im Satz.

1 Morgen die Begrüßung der neuen Abteilungsleiterin. *(findet statt)*

2 Zuerst sie uns vom Firmenchef. *(wird vorgestellt)*

3 Danach Snacks und Getränke. *(werden serviert)*

4 Bei ihrem Einstand wir also während der Arbeitszeit. *(Sekt trinken)*

5 Sie gleich zu Beginn alle Mitarbeiter*innen. *(möchte kennenlernen)*

6 Wir natürlich schon vorher Informationen über sie. *(haben gesammelt)*

7 Zu der ehemaligen Chefin viele Kollegen und Kolleginnen großes Vertrauen. *(hatten gehabt)*

8 Der Anfang deshalb wahrscheinlich für die neue Chefin. *(ist schwer)*

9 Am besten wir die neue Chefin zuerst mal in Ruhe. *(anfangen lassen)*

10 Wahrscheinlich alle sich dann schnell an sie. *(gewöhnen werden)*

c) **Feiern. Schreiben Sie die Sätze. Beginnen Sie mit den unterstrichenen Wörtern.**

1 ich · mindestens einmal pro Jahr · ein großes Fest · feiern · möchte · .

______________________________

2 alle meine Freunde · ich · lade · ein · dann · .

______________________________

3 in einem Restaurant · nur einmal · habe · gefeiert · ich · .

______________________________

4 ich · finde · schöner · eine Feier zu Hause · aber immer · .

______________________________

5 vorher · muss · ich · natürlich · gehen · einkaufen · .

______________________________

6 aber viel Spaß · mir · die Organisation · macht · .

______________________________

7 ein Freund · auf manchen Feiern · Klavier · gespielt · hat · .

______________________________

8 war · selbstverständlich · wunderbar · das · .

______________________________

## 3 VERBPOSITION IM NEBENSATZ

a) **Ergänzen Sie die Regel.**

**Im Nebensatz steht das Verb ______________. Das Subjekt steht direkt __________ dem Konnektor.**

b) **Finden Sie zehn Nebensatzkonnektoren. (→ ↓ ↑)**

| | | | | | | | | |
|---|---|---|---|---|---|---|---|---|
| W | Ä | H | R | E | N | D | A | S |
| E | R | Y | O | B | U | A | M | M |
| N | T | A | V | I | A | S | E | H |
| N | I | W | E | I | L | S | A | U |
| I | M | O | B | L | S | E | I | T |
| N | A | C | H | D | E | M | U | L |
| E | D | A | O | B | W | O | H | L |

c) **Korrigieren Sie die Sätze. In jedem Satz ist ein Fehler in der Wortposition.**

1 Seit ich teilnehme an einem Sprachkurs, hat sich mein Leben total verändert.
2 Bevor ich habe angefangen, musste ich zwar morgens früher aufstehen, aber ich musste abends keine Hausaufgaben machen.
3 Jetzt mache ich Übungen, während ich sehe die Nachrichten im Internet.
4 Als noch ich in die Schule ging, habe ich immer beim Fernsehen Hausaufgaben gemacht.
5 Ich bin sehr froh, obwohl der Kurs ist auch stressig.
6 Es ist aber sehr schön, dass ich im Kurs so viele neue Leute habe kennengelernt.
7 Auch die Lehrerinnen und Lehrer, bei denen Unterricht wir haben, sind sehr nett.
8 Wir bleiben sicher in Kontakt, wenn der Kurs ist vorbei.
9 Ich bin nämlich nicht sicher, ob ich kann bezahlen einen zweiten Kurs.
10 Ich spare schon Geld, damit das ist möglich.

# 3 Modalverben

## ➡ Kapitel 6, 7, 29 in *Grammatik aktiv A1–B1*

**1 POSITION DER MODALVERBEN. Ordnen Sie die Sätze und schreiben Sie sie in die Tabelle.**

1 in eine größere Wohnung · Wir • ziehen • möchten • .
2 helfen • uns beim Umzug • wollen • Unsere Freunde • .
3 Wir • finden • erst eine bezahlbare Wohnung • müssen • .
4 leider nur am Wochenende • suchen • kann · Ich • .
5 darf • ich nicht im Internet • surfen • An meiner Arbeitsstelle • .

| | Position 2 | | Satzende |
|---|---|---|---|
| *Wir* | *möchten* | *in eine größere Wohnung* | *ziehen.* |
| | | | |
| | | | |
| | | | |
| | | | |

**2 KONJUGATION DER MODALVERBEN**

**a) Ergänzen Sie die Verbformen.**

| Infinitiv | können | müssen | wollen | dürfen | sollen |
|---|---|---|---|---|---|
| ich | *kann* | | | *darf* | |
| du | | | | | |
| er, sie, es, man | | | *will* | | |
| wir | | *müssen* | | | |
| ihr | | | | | |
| sie/Sie | | | | | |

**b) Bei einigen Formen ist der Vokal anders als im Infinitiv. Markieren Sie diese Formen.**

**c) Online einkaufen. Ergänzen Sie *können, müssen, wollen* und *dürfen* in der korrekten Form.**

1 Die Supermärkte ______________ *(dürfen)* die neuen Trends nicht verpassen.
2 Die Geschäfte ______________ *(müssen)* sich auf den Online-Handel einstellen.
3 Der Vorteil des Onlinekaufs ist, dass man einkaufen ______________ *(können)*, ohne aus dem Haus zu gehen.
4 Besonders für ältere Menschen ______________ *(können)* das ein Vorteil sein.
5 Allerdings ______________ *(können)* viele ältere Menschen nicht so gut mit dem Internet umgehen.
6 Einige Menschen ______________ *(wollen)* ihre Lebensmittel lieber in einem traditionellen Geschäft einkaufen.
7 Viele Menschen ______________ *(wollen)* ein Produkt zu einem möglichst niedrigen Preis kaufen.
8 Im Internet ______________ *(können)* man Angebote finden, die sehr günstig sind.
9 Man ______________ *(dürfen)* aber nicht auf jedes Angebot eingehen.
10 Man ______________ *(müssen)* unbedingt darauf achten, ob der Online-Händler vertrauenswürdig ist.

**d) Unmögliches. Ergänzen Sie die korrekte Form von *sollen*.**

1 Meine Mutter sagt, ich __________ *(sollen)* mich mehr um den Haushalt kümmern.

2 Unser Arbeitgeber sagt, wir __________ *(sollen)* mehr arbeiten.

3 Mein Sohn sagt, mein Mann __________ *(sollen)* mit ihm regelmäßig Tischtennis spielen.

4 Meine Tochter sagt, mein Mann und ich __________ *(sollen)* mehr Zeit für sie haben.

5 Unsere Freunde sagen, wir __________ *(sollen)* mehr mit ihnen ausgehen.

6 Was __________ *(sollen)* wir tun?

## 3 *„möchten"*

**a) Ergänzen Sie *„möchten"*. Welche Form ist anders als in der normalen Konjugation? Markieren Sie.**

| ich | *möchte* | wir | |
|---|---|---|---|
| du | | ihr | |
| er, sie, es, man | | sie/Sie | |

**b) Ergänzen Sie *„möchten"* in der korrekten Form.**

1 Wenn Sie __________, können Sie unseren kostenlosen Newsletter abonnieren.

2 Jeder, der __________, kann an dem Wettbewerb teilnehmen.

3 __________ du ein Mineralwasser oder lieber ein heißes Getränk?

4 Ich __________ lieber ein heißes Getränk, mir ist ein bisschen kalt.

5 Wer __________ in die Oper gehen? Wir haben Karten zu verschenken. – Wir __________ gerne, danke!

6 __________ ihr wissen, wer heute Geburtstag hat? · Luca. Und er __________ feiern.

## 4 Im Labor. Ergänzen Sie *müssen* oder *dürfen* in der korrekten Form.

1 Im Labor ____________ Sie Schutzkleidung tragen.

2 Im Labor ____________ nicht gegessen und getrunken werden.

3 Sie ____________ keine Hunde ins Labor mitbringen, Hunde __________ vor der Tür angebunden werden.

4 Die Labortür ____________ nur zum Betreten und Verlassen des Labors geöffnet werden. Während der Arbeitszeit ____________ die Tür geschlossen bleiben.

5 Sie ____________ aus Sicherheitsgründen die Fenster des Labors nicht öffnen.

## 5 Welche Bedeutung hat *können*? Markieren Sie.

**1 = Ich habe das gelernt. 2 = Es gibt die Chance/Möglichkeit. 3 = Es ist erlaubt.**

1 Leider *kann* ich nicht so gut Klavier spielen, weil ich erst spät angefangen habe, es zu lernen. 1 2 3

2 Aber es macht mir viel Spaß und immer, wenn ich *kann*, setze ich mich ans Klavier und übe. 1 2 3

3 Ich *kann* tagsüber Klavier üben. Abends nach 10 Uhr ist es verboten. 1 2 3

4 ● *Kannst* du heute Nachmittag vorbeikommen? 1 2 3
● Nein, tut mir leid, ich *kann* nicht, ich muss arbeiten. 1 2 3

5 ● *Kannst* du diese Matheaufgabe lösen? 1 2 3
● Ich glaube schon, aber jetzt *kann* ich es nicht. Ich bin todmüde. 1 2 3

6 Was? Du willst mit den Flipflops ins Büro gehen? Das *kannst* du doch nicht machen! 1 2 3

## 6 Korrigieren Sie die Sätze. In jedem Satz ist ein Fehler bei den Modalverben (Konjugation, Position oder Bedeutung).

1 Martin kann hervorragend tanzen Tango und Salsa.

2 Seine Freundin geht nicht gerne tanzen, sie möchtet lieber gut essen gehen.

3 Leider hat Martin sich den Fuß verletzt und der Arzt hat gesagt, er muss jetzt nicht tanzen.

4 Der Arzt sagt, dass er nicht tanzen soll und dass er soll drei Wochen einen Verband tragen.

5 Er darft auch nicht schwimmen gehen.

## 7 MODALVERBEN IM PRÄTERITUM

### a) Ergänzen Sie die Verbformen.

| Infinitiv | können | müssen | wollen | dürfen | sollen |
|---|---|---|---|---|---|
| ich | *konnte* | | | | |
| du | | | | | *solltest* |
| er, sie, es, man | | | *wollte* | | |
| wir | | *mussten* | | | |
| ihr | | | | *durftet* | |
| sie/Sie | | | | | |

### b) Der Vokal ist im Präteritum bei drei Modalverben anders als im Infinitiv. Markieren Sie diesen Vokal wie im Beispiel.

### c) Schreiben Sie den Text im Präteritum.

Ich will meine Stelle wechseln, denn ich muss auf meiner Stelle immer die gleichen Arbeiten machen. Ich kann nichts Neues dazulernen und darf auch nur wenig selbstständig arbeiten.
Ich bin unzufrieden, weil ich mein Fachwissen nicht verwenden kann. Außerdem sind die Arbeitszeiten in dem Betrieb festgelegt. Wir können nicht in Gleitzeit arbeiten, sondern müssen jeden Tag von 8.30 bis 17 Uhr anwesend sein. Ich möchte gerne einen Betrieb mit moderneren, familienfreundlicheren Arbeitszeiten finden. Ich will mich eine Woche später bei einem anderen Betrieb vorstellen. Dort dürfen die Angestellten im Homeoffice arbeiten, wenn sie wollen. Sie müssen nur einmal pro Woche im Büro sein, damit sie gemeinsame Besprechungen machen können. Ich möchte möglichst schnell meine Bewerbungsunterlagen dorthin schicken. Aber leider bin ich krank und kann mich nicht darum kümmern.

## 8 Markieren Sie das korrekte Modalverb.

1 Wenn man in Urlaub fährt, *soll/muss* man meistens viele Vorbereitungen machen.
2 Ich habe kleine Kinder und *möchte/darf* schon eine Woche vorher anfangen zu packen.
3 Bei meinem letzten Urlaub *konnte/durfte* ich erst in der letzten Nacht packen, weil ich bis spät abends arbeiten wollte/musste.
4 Der Abschlussbericht meines Projekts *musste/durfte* noch fertig werden.
5 Ich *musste/durfte* vorher keinen Tag Urlaub nehmen.
6 Meine Kinder *wollten/möchten* mir helfen, aber sie *mussten/durften* nicht. Ich habe sie ins Bett geschickt, weil ich Angst vor dem totalen Chaos hatte.
7 Im Urlaub war es dann sehr schön und entspannend. Wir *konnten/mussten* den ganzen Tag tun und lassen, was wir *wollten/konnten*.

# Perfekt

## ➡ Kapitel 26, 27 und 28 in *Grammatik aktiv A1–B1*

4

### 1 POSITIONEN DER WÖRTER IM PERFEKT

**a) Kulinarische Spezialitäten. Ordnen Sie die Sätze und schreiben Sie sie in die Tabelle.**

1 bin · Ich · gefahren · schon in über 20 verschiedene Länder · .
2 dort schon viele unterschiedliche Gerichte · Ich · ausprobiert · habe · .
3 habe · ich · Teigtaschen in vielen Variationen · gegessen · In China · .
4 Ich · nach Südamerika, Russland und Nigeria · bin · geflogen · .
5 probiert · In Bolivien · ich · habe · mindestens zwanzig verschiedene Kartoffelsorten · .
6 getrunken · den besten Wodka · In Russland · habe · ich · .

| | | Position 2 | | Satzende |
|---|---|---|---|---|
| 1 | *Ich* | *bin* | *schon in über 20 verschiedene Länder* | *gefahren.* |
| 2 | | | | |
| 3 | | | | |
| 6 | | | | |
| 5 | | | | |
| 6 | | | | |

**b) PERFEKT IM NEBENSATZ. Ordnen Sie die Nebensätze.**

1 Mein Freund freut sich, ______________________. *(weil · ich · gekommen · bin · zu ihm zum Essen)*

2 Er hat ein spezielles Essen gekocht, ______________________. *(das · gegessen haben · bis jetzt nur wenige Menschen auf der Welt)*

3 Es handelt sich um Insektenburger, ______________________. *(die · er · hergestellt · hat · aus Heuschrecken und Würmern)*

4 ______________________, *(Wenn · habe · ich · gegessen · diesen Burger)* kann ich sagen, dass ich vor nichts Angst habe.

**c) Ergänzen Sie die Regel für das Perfekt.**

sein • sein • haben • haben • Partizip Perfekt • 2 • Partizip Perfekt • Ende • Partizip Perfekt • sein • haben

Das Perfekt bildet man mit der konjugierten Form von __________ oder __________ und dem __________

Die konjugierte Form von __________ oder __________ steht auf Position __________, das __________ steht am __________ des Satzes.

Im Nebensatz steht am Satzende zuerst das __________ und dann die konjugierte Form von __________ oder __________.

## 2 PARTIZIPIEN

**a) Welche Präfixe sind trennbar? Welche sind nicht trennbar?**
**Umkreisen Sie die trennbaren Präfixe und unterstreichen Sie die nicht trennbaren Präfixe wie in den Beispielen.**

gefallen • fallen • wegfallen • stehen • verstehen • bestehen • schreiben • beschreiben • aufschreiben • gehen • entgehen • weggehen • nehmen • teilnehmen • aufnehmen • arbeiten • bearbeiten • mitarbeiten • hören • zuhören • gehören • kaufen • einkaufen • verkaufen • stellen • bestellen • ausstellen • legen • hinlegen • zerlegen • passieren • studieren • informieren • funktionieren • programmieren

**b) Bilden Sie die Partizipien von den Verben und sortieren Sie sie in die Tabelle.**

| regelmäßige Verben | | | |
|---|---|---|---|
| gemacht | mitgemacht | verpasst | repariert |

| unregelmäßige Verben | | |
|---|---|---|
| gekommen | angekommen | bekommen |

**c) Gemischte unregelmäßige Verben. Schreiben Sie die Infinitive.**

_______________ · gedacht _______________ · gebracht _______________ · gewusst

_______________ · gekannt _______________ · gerannt _______________ · gebrannt

**d) Schreiben Sie die Partizipien zu den Infinitiven.**

1 halten g e h a l t e n
2 abfahren
3 organisieren
4 vergessen
5 verschicken
6 mitnehmen
7 fragen
8 bringen
9 tun
10 liegen
11 wissen
12 essen

## 3 Peinlich. Ergänzen Sie die Partizipien.

| anfangen • aufstehen • beginnen • hersehen • herunterfallen • kommen • setzen • stellen • tun • verpassen • werden |
|---|

1 Gestern bin ich - wie leider schon oft – zu spät __________ und habe den Bus __________.

2 Deshalb bin ich sehr spät zur Arbeit __________.

3 Das Meeting hat gerade __________.

4 Mein Kollege hat __________, sein Projekt vorzustellen.

5 Ich habe mich schnell auf meinen Platz __________.

6 Aber dann ist mit lautem Krach meine Tasche __________.

7 Die Kollegen haben ärgerlich zu mir __________.

8 Ich habe so __________, als ob ich es nicht merken würde.

9 Aber es war mir sehr peinlich und ich bin sehr rot __________.

10 Heute Abend habe ich mir zwei Wecker __________.

## 4 VERBEN MIT *SEIN*

### a) Sortieren Sie die Verben in die Tabelle.

| aufwachsen • bleiben • einschlafen • einsteigen • entstehen • fahren • kommen • laufen • sein • sinken • sterben • verschwinden |
|---|

| Die Position wechselt. | Die Situation wechselt. | ⚠ Es gibt keine Regel. |
|---|---|---|
| | | |

### b) *sein* oder *haben*? Markieren Sie die Verben, die das Perfekt mit *sein* bilden wie im Beispiel.

gehen · machen · aufwachen · essen · trinken · reisen · sich unterhalten · arbeiten · schreiben · explodieren · steigen · denken · sich ärgern · stattfinden · aufstehen · tragen · einziehen · verlieren · versuchen · wissen

Reflexive Verben bilden das Perfekt immer mit *haben*: *Ich habe mich gefreut.*

### c) Dialekt sprechen. *sein* oder *haben*? Markieren Sie die korrekte Form.

Ich *habe/bin*[1] ganz im Norden von Deutschland in einem kleinen Dorf aufgewachsen. In dem Dorf haben/sind[2] die älteren Leute noch Plattdeutsch gesprochen. Aber unter uns jüngeren Leuten *hat/ist*[3] der Dialekt schon verloren gegangen. Wir *haben/sind*[4] als Kinder den Dialekt gehört, aber *haben/sind*[5] ihn nicht mehr richtig gesprochen. Nur einige Dialektwörter, wie zum Beispiel „vertellen" *(= erzählen) haben/sind*[6] in der Umgangssprache übriggeblieben. Ich *habe/bin*[7] das immer sehr bedauert. Ich finde es sehr schade, dass dieser schöne Dialekt schon fast verschwunden *hat/ist*[8]. Natürlich *haben/sind*[9] sich Initiativen gegründet um das Plattdeutsche zu retten. Ich *habe/bin*[10] zum Beispiel an der Volkshochschule einen Sprachkurs für Plattdeutsch besucht.

## 5 Eine Biografie. Formulieren Sie den Text im Perfekt.

Karl Marx kam 1818 in Trier zur Welt. Er besuchte von 1830 bis 1835 das Gymnasium in Trier.
Mit 17 Jahren legte er das Abitur mit der Durchschnittsnote 2,4 ab. 1836 verlobte sich Marx mit Jenny von Westfalen, der Schwester seines besten Freundes.
Von 1835 bis 1841 studierte er an den Universitäten Bonn und Berlin Jura. 1843 heirateten Karl Marx und Jenny von Westfalen und zogen nach Paris. Dort lernte Marx den Dichter Heinrich Heine kennen.
Aus politischen Gründen blieb Marx nicht in Paris. Die preußische Regierung zwang ihn, Frankreich zu verlassen und Marx zog mit seiner Familie nach Brüssel um. Er lebte nur drei Jahre in Brüssel. Nach der Februarrevolution 1848 verließ er Brüssel und ging zunächst nach Paris und dann nach London. Marx starb 1883 in London.

*Karl Marx ist 1818 in Trier zur Welt gekommen. Er ...*

## 6 Schulfreunde. Ergänzen Sie das Partizip Perfekt und die korrekte Form von *sein* oder *haben*.

Am letzten Wochenende ______ [1] ich alte Schulfreunde ______ [2] *(treffen)*, die ich seit der Schule nicht mehr ______ ______ [3] *(sehen)*. Erst ______ [4] wir Erinnerungen ______ [5] *(austauschen)* und uns lange über unsere Schule, die Lehrer und die Klassenkameraden ______ [6] *(unterhalten)*. Jeder und jede von uns ______ [7] sich an andere Dinge ______ [8] *(erinnern)*. Dann ______ [9] wir darüber ______ [10] *(sprechen)*, was wir nach der Schule ______ [11] ______ [12] *(machen)*.

Da ______ [13] mich vieles ______ [14] *(überraschen)*. Anna, die immer lustige Späße ______ [15] ______ [16] *(machen)* und die nichts ernst ______ [17] ______ [18] *(nehmen)* und sich für Literatur ______ [19] ______ [20] *(interessieren)*, arbeitet jetzt als Buchhalterin. Wir ______ [21] sie ______ [22] *(fragen)*, ob das nicht zu langweilig ist für sie. Aber sie ______ [23] ______ [24] *(sagen)*, dass sie sich ganz bewusst für diese Tätigkeit ______ [25] ______ [26] *(entscheiden)*, weil sie damit genug Geld für ihre Reisen verdient. Sie ______ [27] schon auf allen Kontinenten unterwegs ______ [28] *(sein)*.

Auch Arne ______ [29] sich ganz anders ______ [30] *(entwickeln)*, als wir ______ [31] ______ [32] *(erwarten)*. Er ______ [33] früher immer die beste Mathearbeit ______ [34] *(schreiben)* und ______ [35] ohne langes Nachdenken auch die schwierigsten Fragen zu Physik und Chemie ______ [36] *(beantworten)*.

Alle ______ [37] damals ______ [38] *(denken)*, dass er Professor für Mathematik oder Physik wird.

Er ______ [39] auch ______ [40] *(anfangen)* Mathematik zu studieren, aber schon nach dem Bachelor – den er mit der Note 1,0 ______ [41] ______ [42] *(abschließen)*, ______ [43] er sich ______ [44] *(langweilen)*. Er ______ [45] eine nette Frau ______ [46] *(kennenlernen)*, sie ______ [47] ______ [48] *(heiraten)* und bis jetzt schon 5 Kinder ______ [49] *(bekommen)*. Jetzt geht seine Frau arbeiten und er passt auf die Kinder auf.

# Partnerseite 1

## ➡ Kapitel 1–4

**Partner/-in A**

**Arbeiten Sie zu zweit. Partner/-in A arbeitet auf dieser Seite, Partner/-in B arbeitet auf Seite 20. Partner/-in A liest den ersten Satz in Orange ⚠ und korrigiert ihn und liest ihn laut vor. Partner/-in B hat den richtigen Satz und kontrolliert.**
**Den nächsten Satz korrigiert Partner/-in B, liest ihn laut vor und Partner/-in A kontrolliert mit dem Satz in Grau. Die Korrekturen sind fett gedruckt.**

Es gibt nur Fehler in der Konjugation (Konj.), bei den Wortpositionen (WP), beim Perfekt (Perf.) und bei den Modalverben (MV).

Sehr geehrte Damen und Herren,

⚠ 1 mit großem Interesse ich habe Ihren Artikel im Internet über die ständige Erreichbarkeit per Smartphone gelesen. *(WP)*

2 Ich **stimme** Ihnen zu, dass es in der heutigen Zeit schwierig ist, ohne Handy zu leben.

⚠ 3 Fast jeder habt mittlerweile ein Handy *(Konj.)*

4 und die meisten sozialen Kontakte sind ohne Smartphone nicht mehr **denkbar**.

⚠ 5 Man schickt sich Nachrichten oder Fotos, man verabredet sich oder kann man auch kurzfristig eine Verabredung absagen oder verschieben. *(WP)*

6 Man kann sich jederzeit über das aktuelle Geschehen **informieren**.

⚠ 7 und kann man interessante Informationen mit seinen Freunden und Bekannten teilen. *(WP)*

8 Natürlich **macht** man Fotos, die man sofort verschicken kann.

⚠ 9 Man hört Musik oder seht Filme. *(Konj)*

10 Die Möglichkeiten, die ein Smartphone bietet, haben sich in den letzten Jahren enorm **erweitert**.

⚠ 11 Ich finde, sie haben interessant und leichter das Leben gemacht. *(WP)*

12 Auf der anderen Seite **muss** man auch die negativen Auswirkungen der ständigen Erreichbarkeit per Smartphone betrachten.

⚠ 13 Die modernen Menschen werden unruhig schon, wenn sie ihr Smartphone einmal zwei Stunden ausgeschaltet bei sich tragen. *(WP)*

14 Einen ganzen Urlaub ohne Smartphone **können** sie sich meist gar nicht mehr vorstellen.

⚠ 15 Sie haben von ihrem Smartphone abhängig geworden. *(Perf.)*

16 Das **kann** zu Problemen führen.

⚠ 17 Wenn man konzentriert arbeiten muss, es ist störend, *(WP)*

18 wenn man das Smartphone neben sich liegen **hat**.

# Partnerseite 1
## ➡ Kapitel 1–4

Partner/-in B

**Arbeiten Sie zu zweit. Partner/-in B arbeitet auf dieser Seite, Partner/-in A arbeitet auf Seite 19. Partner/-in A liest den ersten Satz und korrigiert ihn und liest ihn laut vor. Partner/-in B hat den richtigen Satz in Grau und kontrolliert.**
**Den nächsten Satz in Türkis ⚠ korrigiert Partner/-in B, liest ihn laut vor und Partner/-in A kontrolliert. Die Korrekturen sind fett gedruckt.**

Es gibt nur Fehler in der Konjugation (Konj.), bei den Wortpositionen (WP), beim Perfekt (Perf.) und bei den Modalverben (MV).

Sehr geehrte Damen und Herren,

1 mit großem Interesse **habe** ich Ihren Artikel im Internet über die ständige Erreichbarkeit per Smartphone gelesen.

⚠ 2 Ich stimmt Ihnen zu, dass es in der heutigen Zeit schwierig ist, ohne Handy zu leben. *(Konj.)*

3 Fast jeder **hat** mittlerweile ein Handy.

⚠ 4 und die meisten sozialen Kontakte sind denkbar ohne Smartphone nicht mehr. *(WP)*

5 Man schickt sich Nachrichten oder Fotos, man verabredet sich oder man **kann** auch kurzfristig eine Verabredung absagen oder verschieben.

⚠ 6 Man kann sich informieren jederzeit über das aktuelle Geschehen *(WP)*

7 und man **kann** interessante Informationen mit seinen Freunden und Bekannten teilen.

⚠ 8 Natürlich man macht Fotos, die man sofort verschicken kann. *(WP)*

9 Man hört Musik oder **sieht** Filme.

⚠ 10 Die Möglichkeiten, die ein Smartphone bietet, haben sich in den letzten Jahren enorm geerweitert. *(Perf.)*

11 Ich finde, sie haben das Leben **interessant und leichter** gemacht.

⚠ 12 Auf der anderen Seite soll man auch die negativen Auswirkungen der ständigen Erreichbarkeit per Smartphone betrachten. *(MV)*

13 Die modernen Menschen werden schon **unruhig**, wenn sie ihr Smartphone einmal zwei Stunden ausgeschaltet bei sich tragen.

⚠ 14 Einen ganzen Urlaub ohne Smartphone konnen sie sich meist gar nicht mehr vorstellen. *(MV)*

15 Sie **sind** von ihrem Smartphone abhängig geworden.

⚠ 16 Das kannt zu Problemen führen. *(MV)*

17 Wenn man konzentriert arbeiten muss, **ist** es störend,

⚠ 18 wenn man hat das Smartphone neben sich liegen. *(WP)*

# Verben mit Dativ und Akkusativ

➡ **Kapitel 22, 23 und 24 in *Grammatik aktiv A1–B1***

## 1 VERBEN MIT NOMINATIV, AKKUSATIV UND DATIV

**a) Schreiben Sie die Sätze unter das Schema.**

1 Das Kind lacht.
2 Ich schenke meinem Sohn ein Fahrrad.
3 Die Waschmaschine wäscht die Kleidung.

| Subjekt Nominativ — Verb | Subjekt Nominativ — Verb — Objekt Akkusativ | Subjekt Nominativ — Verb — Objekt Akkusativ; Person Dativ |
|---|---|---|
| *Das Kind* ______ | ______ | ______ |
| Das Verb kann nur ein Subjekt haben. | Das Verb kann ein Subjekt und ein Objekt haben. | Das Verb kann ein Subjekt, ein Objekt und eine Person (= Dativ) haben. |
| ______ | ______ | *bezahlen* ______ |
| ______ | ______ | ______ |
| | ______ | ______ |
| | ______ | ______ |
| | ______ | ______ |
| | | ______ |
| | | ______ |

**b) Sortieren Sie die Verben in die Tabelle in 1a).**

weinen • wachsen • hören • lesen • vorlesen • geben • bestellen • ~~bezahlen~~ • leihen • verkaufen • kaufen • sehen • wissen • finden

Das Verb *sein* hat zwei Nominative (= Identität):
*Ich bin Lehrerin.*

**c) Bilden Sie Sätze.**

die Nachbarin • mein Bruder • kochen • das Buch • der Studierende • kaufen • leihen • die Pizza • seinem Freund • empfehlen • viel Geld • einen Teller Nudeln • das Restaurant • einer Freundin • der Verkäufer • den Freunden

Position:
Nominativ-Dativ-Akkusativ

*Die Nachbarin empfiehlt ...* ______

______

______

______

______

**d) Welche Sätze sind logisch? Markieren Sie.**

1
- a Ich leihe meinen Freund.
- b Ich leihe meinem Freund ein Buch.

2
- a Ich backe mein Kind.
- b Ich backe einen Kuchen.
- c Ich backe meinem Nachbarn einen Kuchen.

3
- a Ich verkaufe meinen Nachbarn.
- b Ich verkaufe mein Auto.
- c Ich verkaufe meinem Nachbarn mein Auto.

4
- a Ich vermiete meine Wohnung.
- b Ich vermiete die Touristen.
- c Ich vermiete den Touristen meine Wohnung.

## 2 VERBEN MIT NOMINATIV UND DATIV

**a) Finden Sie zehn „Dativverben"(→ ↓)**

| | | | | | | | | | | | | |
|---|---|---|---|---|---|---|---|---|---|---|---|---|
| L | E | I | F | D | A | N | K | E | N | G | Z | N |
| N | A | N | T | W | O | R | T | E | N | F | U | H |
| A | G | G | E | H | Ö | R | E | N | K | L | H | E |
| P | L | F | A | R | H | C | U | B | L | Ö | Ö | L |
| Z | A | G | B | C | V | J | T | P | M | U | R | F |
| M | U | S | S | T | G | E | F | A | L | L | E | E |
| U | B | F | E | H | L | E | N | S | M | L | N | N |
| N | E | I | S | C | H | T | R | S | V | K | E | N |
| A | N | S | I | I | W | O | L | E | L | K | E | O |
| M | I | T | F | O | L | G | E | N | P | O | N | N |
| U | V | E | R | T | R | A | U | E | N | S | A | U |
| J | U | T | Z | I | G | E | R | F | R | E | D | U |

*a* ________, *d* ________, *f* ________, *f* ________, *g* ________,

*g* ________, *h* ________, *passen* ________, *v* ________, *z* ________

**b) Schreiben Sie die Sätze unter das Schema.**

Ich frage dich. • Du antwortest mir.

| „Dativverben" | „normale" Verben (= Nominativ und Akkusativ) |
|---|---|
| Subjekt Nominativ – Verb – Person Dativ | Subjekt Nominativ – Verb – Objekt Akkusativ |
| ________ | ________ |
| *gefallen* ________ ________ | *mögen* ________ ________ |
| ________ ________ | ________ ________ |
| ________ ________ | ________ ________ |

**c) Sortieren Sie die Verben in die Tabelle in b).**

~~mögen~~ • ~~gefallen~~ • unterstützen • helfen • fehlen • vermissen • hören • zuhören • gehören • besitzen • probieren • passen

## 3 ARTIKEL UND NOMEN IM NOMINATIV, AKKUSATIV UND DATIV

### a) Ergänzen Sie die Tabelle.

| Nominativ | Akkusativ | Dativ |
|---|---|---|
| der/ein/mein Freund | | |
| das/ein/mein Kind | | |
| die/eine/meine Managerin | | |
| die/meine Geschwister (Pl.) | | |
| die/meine Autos (Pl.) | | |

### b) Bilden Sie Sätze.

das Kind • der Freund • die Nachbarin • die Leute • die Babys • der Hausmeister

Ich helfe ______

Ich küsse ______

### c) Ist die Form Akkusativ oder Dativ? Markieren Sie.

den Kindern A D, dem Partner A D, der Dame A D, den Freund A D, der Freundin A D,

den Chefs A D, die Nachbarn A D, der Probandin A D, den Freunden A D

## 4 Ergänzen Sie die Artikel und die Endung, wenn nötig.

Heute ist ein ____ [1] besonderer Tag *(m.)*. D____ [2] Tag heißt eigentlich „Himmelfahrt", aber seit ein paar Jahrzehnten nennen d____ [3] Leute *(Pl.)* d____ [4] Tag „Vatertag". Dann gratuliert man d____ [5] Väter____ [6] *(Pl.)* zum Vatertag und vielleicht kaufen d____ [7] Kinder *(Pl.)* ihre____ [8] Vater ein____ [9] Geschenk *(n.)*. Einigen Leuten gefällt d____ [10] Vatertag überhaupt nicht. Das hat d____ [11] Grund *(m.)*, dass in Deutschland immer noch meistens d____ [12] Mütter *(Pl.)* d____ [13] Kinder *(Pl.)* erziehen, und dass d____ [14] Väter, die d____ [15] Vatertag feiern, meistens gar kein____ [16] Kinder haben. D____ [17] Männer benutzen d____ [18] Tag hauptsächlich dazu, gemeinsam zu feiern. Aber auch d____ [19] Muttertag gefällt vor allem d____ [20] Blumengeschäfte____ [21] *(Pl.)*, denn sie machen an dem Tag d____ [22] größten Gewinn *(m.)*.

## 5 Fragen Sie nach dem unterstrichenen Satzteil.

1 Der Junge gefällt <u>dem Mädchen</u>. ______
2 Das Mädchen mag <u>den Jungen</u>. ______
3 Der Junge ist <u>ihr Freund</u>. ______
4 Der Lehrer hilft <u>den Kindern</u>. ______
5 Die Lehrer unterstützen <u>die Kinder</u>. ______
6 Der Roboter putzt <u>die Wohnung</u>. ______
7 Die Kinder hören <u>den Leuten</u> zu. ______
8 Die Kinder hören <u>die Klingel</u>. ______

| | Person | Sache |
|---|---|---|
| Nominativ | Wer? | Was? |
| Akkusativ | Wen? | Was? |
| Dativ | Wem? | – |

## 6 Antworten Sie mit dem Wort in der Klammer.

1 Wem schenken Sie die Blumen? *(die Mutter)* ______
2 Was schenken Sie dem Vater? *(der Schirm)* ______
3 Wem gratulieren Sie? *(der Vater)* ______
4 Wer hilft Ihnen oft? *(mein Freund)* ______
5 Wem helfen Sie oft? *(mein Freund)* ______
6 Wem kochen Sie das Essen? *(die Kinder, Pl.)* ______
7 Was backen Sie Ihren Freunden? *(der Kuchen)* ______
8 Wen haben Sie eingeladen? *(mein Bruder)* ______

## 7 Markieren Sie die richtige Ergänzung. Die Buchstaben der Lösung ergeben ein Wort.

1 Ich gratuliere [A] meinen Freund [B] mein Freund [C] meinem Freund.
2 Er vertraut [H] seiner Chefin [I] seinen Chef [J] seine Chefs nicht ganz.
3 Wir besitzen [Ä] ein Mercedes Benz [Ü] einem Mercedes Benz [Ö] einen Mercedes Benz
4 Alle möchten natürlich [S] ihren Kindern [T] ihrem Kind [R] ihr Kind unterstützen.
5 Ich gebe mir Mühe, [D] meine Schüler [E] meinem Schüler [F] meine Schülerin zu helfen.

**Lösungswort:** ______

## 8 Nudeln weltweit. Unterstreichen Sie in den Sätzen das Subjekt in Schwarz, das Objekt (Akkusativ) in Blau und den Dativ in Rot.

Nudeln sind inzwischen wahrscheinlich fast weltweit ein sehr beliebtes Essen. Eigentlich schmecken Nudeln allen Kindern. Aber auch Studierende lieben Nudeln, denn kaum ein anderes Essen kann man so schnell zubereiten! Und Nudeln sind ein billiges Gericht. Man kann täglich eine andere Soße dazu kochen, und schon hat man eine neue Variation. Es ist natürlich auch bequem, dass man viele fertig gekochte Soßen findet. Außerdem bietet jeder Supermarkt verschiedene Nudelformen an.
In Italien empfehlen Restaurants ihren Gästen Pasta meistens als Vorspeise, in Deutschland sind Nudeln meistens ein Hauptgericht. Es gibt wohl so viele Nudel-Varianten, wie es Länder gibt.
Leider bin ich kein guter Nudelkoch. Mir gelingen die Nudeln meistens nicht. Sie werden meistens zu hart.

## 9 Was passt zusammen? Kombinieren Sie. Es gibt mehrere Möglichkeiten.

1 Das Auto gehört — A den Chef
2 Die Frau sucht — B dem Chef
3 Der Frau gefällt — C der Ärztin
4 Der Mann gefällt — D das Buch

## 10 Verlängern Sie die Sätze wie im Beispiel.

1 Da ist ein Audi. Ich kaufe *einen Audi*. Ich kaufe *meiner Tochter einen Audi*. *(meiner Tochter)*
2 Da liegt ein Buch. Ich leihe ______. Ich leihe ______. *(du)*
3 Hier ist ein Rat von mir. Ich gebe ______. Ich gebe ______. *(mein Sohn)*
4 Sieh mal, meine Zähne. Ich zeige ______. Ich zeige ______. *(die Zahnärztin)*
5 Ein Blumenstrauß! Ich verschenke ______. Ich schenke ______. *(meine Frau)*

# Artikel – Formen

➡ Kapitel 15, 19, 20 und 68 in *Grammatik aktiv A1 – B1*

**1 Unterstreichen Sie die Artikel in den Sätzen 1–5 und schreiben Sie sie in die Tabelle.**

1 In einer großen Stadt gibt es die meisten Verkehrsprobleme.

2 Die Straßen der Großstädte sind meist voll.

3 Mit dem Fahrrad ist man oft schneller, aber es ist gefährlich, weil es auf den meisten Straßen keinen speziellen Fahrradweg gibt.

4 Mit öffentlichen Verkehrsmitteln kommt man schnell an das Ziel.

5 Tagsüber hat man keine Probleme, aber nachts muss man lange auf den Bus oder die U-Bahn warten.

**Definiter, indefiniter und negativer Artikel**

| | **maskulin** | | **neutral** | | **feminin** | | **Plural** | |
|---|---|---|---|---|---|---|---|---|
| | definit | indefinit<br>negativ | definit | indefinit<br>negativ | definit | indefinit<br>negativ | definit | indefinit<br>negativ |
| **Nominativ** | der | ein<br>kein | das | ein<br>kein | die | eine<br>keine | d_____ | –<br>keine |
| **Akkusativ** | d___ | einen<br>k_____ | d___ | ein<br>kein | d___ | eine<br>keine | d_____ | –<br>k_____ |
| **Dativ** | dem | einem<br>keinem | d___ | einem<br>keinem | der | e *iner*<br>keiner | d_____ | –<br>keinen |
| **Genitiv** | des | eines<br>keines | des | eines<br>keines | der | einer<br>keiner | d_____ | *(von + Dativ)*<br>keiner |

**2 Ein Einbruch**

**a) Antworten Sie mit dem indefiniten Artikel.**

1 Was ist gestern im Nachbarhaus passiert? _________ Einbruch *(m.)*.

2 Wie ist der Dieb ins Haus gekommen? Durch _________ Kellerfenster *(n.)*.

3 Wie hat er das Fenster geöffnet? Mit _________ Hammer *(m.)*.

4 Was für ein Haus ist das? Das Haus _________ sehr bekannten Schauspielerin *(f.)*.

**b) Antworten Sie mit dem negativen Artikel.**

1 Hat es Zeugen des Diebstahls gegeben? Nein, es hat _________ Zeugen *(Pl.)* gegeben.

2 Hat es früher schon einen Einbruch dort gegeben? Nein, es hat noch _________ Einbruch gegeben.

3 Waren die Diebe noch in einem anderen Haus? Nein, sie sind zu _________ anderen Haus gegangen.

4 Haben die Leute nebenan Lärm gehört oder Licht gesehen? Nein, die Leute haben _________ Lärm *(m.)* gehört und _________ Licht *(n.)* gesehen.

**c) Antworten Sie mit dem definiten Artikel.**

1 Wer hat den Dieb gefangen und zwei Stunden lang festgehalten? _________ Hund *(m.)*.

2 Wem hat die Schauspielerin von der Heldentat ihres Hundes berichtet? _________ Journalisten *(Pl.)*.

3 Was wollte der Dieb stehlen? _________ Schmuck *(m.)*.

4 Was ist der Schauspielerin nicht eingefallen? Die Telefonnummer _________ Polizei *(f.)*.

## 3 Korrigieren Sie die Sätze. In jedem Satz ist ein Fehler bei einem Artikel.

1 Heute habe ich eines tolles Auto gesehen.

2 Es war nicht ein besonders teures Auto, aber es sah cool aus.

3 Gestern war ich im Kino in ein interessanten Film.

4 Ich bin mit die U-Bahn gefahren.

5 Der Stau war für mich nicht ein Problem.

## 4 POSSESSIVARTIKEL. Unterstreichen Sie die Possessivartikel in den Sätzen 1–5, schreiben Sie sie in die Tabelle. Ergänzen Sie dann die restlichen Lücken.

1 Sie hat heute einen Termin bei ihrer Chefin.
2 Ihre Chefin möchte sich über den Stand ihres Projekts informieren lassen.
3 Mittags war sie mit ihren Kollegen beim Essen.
4 Wie geht es euren Kindern? Fahrt ihr in eurem Urlaub wieder auf euren Campingplatz in Südfrankreich? Oder ist euer Sohn noch im Ausland?
5 Wir wollen unseren Urlaub wieder dort verbringen, unser Sohn weiß noch nicht, ob er mitkommen kann.

| | maskulin | neutral | feminin | Plural |
|---|---|---|---|---|
| N | mein/dein/sein/ ihr/uns____/eu____ | mein/dein/sein/ ihr/unser/euer | meine/deine/seine/ i____/unsere/eure | meine/deine/seine/ ihre/unsere/eure |
| A | meinen/deinen/seinen/ ihren/unser____/eu____ | mein/dein/sein/ ihr/unser/euer | meine/deine/seine/ ihre/unsere/eure | meine/deine/seine/ ihre/unsere/eure |
| D | meinem/meinem/ seinem/ihrem/unserem/ eu____ | meinem/deinem/ seinem/ihrem/unserem/ eurem | meiner/deiner/ seiner/ihrer/ unserer/eurer | meinen/deinen/seinen/ ihr____/unseren/ eu____ |
| G | meines/deines/seines/ ihres/unseres/eures | meines/deines/seines/ ihr____/unseres/eures | meiner/deiner/seiner/ ihrer/unserer/eurer | meiner/deiner/seiner/ ihrer/unserer/eurer |

## 5 Urlaub. Ergänzen Sie die Possessivartikel in der richtigen Form.

● Habt ihr ________ Urlaub schon in die Urlaubsliste eingetragen?

● Nein, ich kann ________ Urlaub noch nicht eintragen. Ich warte noch auf meine Frau. In ________ Firma kommt die Urlaubsliste erst im Januar. Erst dann können wir ________ Urlaub planen. Und du, weißt du schon, wann du ________ Urlaub nimmst?

● Ja, wir haben schon lange geplant. Ich fahre mit ________ Freundin eine Woche nach Rom. ________ Mann möchte sich ________ Traum verwirklichen und mit dem Fahrrad über die Alpen fahren. Das macht er mit ________ zwei Brüdern zusammen.

● Ihr macht doch immer zwei Wochen Urlaub am Strand. Fällt ________ Strandurlaub diesmal aus?

● Nein, ________ Strandurlaub machen wir dieses Jahr im November, auf Sri Lanka.

## 6 *SEIN* ODER *IHR*? Ergänzen Sie die Possessivartikel in der richtigen Form.

*man → sein*

1 Meine Kollegin kommt oft zu spät, weil ________ Zug oft Verspätung hat.

2 Der Kunde hat sich beschwert, ________ Ware ist drei Tage zu spät angekommen.

3 Meine Kollegen haben leider vergessen, ________ Informationen weiterzuleiten.

4 Es ist ein Problem für die anderen, wenn man ________ Informationen nicht weitergibt.

**7 INTERROGATIVARTIKEL UND DEMONSTRATIVARTIKEL. Unterstreichen Sie die interrogativen und demonstrativen Artikel in den Sätzen 1–5, schreiben Sie sie in die Tabelle und ergänzen Sie die restlichen Formen.**

1 Hier sind zwei Modegeschäfte. Welches Geschäft kannst du mir empfehlen? – Ich finde dieses hier besser, in dem anderen sind die Verkäufer unfreundlich.
2 Welche Strümpfe sind aus Wolle, welche aus Kunstfasern? – Diese blauen Strümpfe sind aus reiner Wolle, diese weißen sind aus Polyester.
3 Mit welcher Karte kann ich hier bezahlen? – Mit dieser Karte nicht, nur mit einer Kreditkarte.

**Interrogativer und demonstrativer Artikel**

| | maskulin | | neutral | | feminin | | Plural | |
|---|---|---|---|---|---|---|---|---|
| | interrog. | demonstr. | interrog. | demonstr. | interrog. | demonstr. | interrog. | demonstr. |
| **N** | welcher | dieser | welches | dieses | welche | diese | welch___ | dies___ |
| **A** | welchen | diesen | welches | dieses | welche | diese | welche | diese |
| **D** | welchem | diesem | welchem | diesem | welch___ | dies___ | welchen | diesen |
| **G** | welches | dieses | welches | dieses | welcher | dieser | welcher | dieser |

**8 Ergänzen Sie die interrogativen und demonstrativen Artikel.**

1 Mit welch___ Bus fährst du heute? – Ich weiß noch nicht. Welch___ Bus nimmst du?
2 Ich finde dies___ Wein sehr gut. Welch____ schmeckt dir am besten?
3 In welch___ Woche willst du Urlaub nehmen? – Ich weiß es noch nicht, aber die Chefin sagt, wir sollen den Urlaub in dies___ Woche festlegen.
4 Kommst du zum Meeting? – Welch___ Meeting meinst du, das heute Mittag oder das am Nachmittag?
5 Der Kopierer funktioniert schon wieder nicht. – Kein Problem, du musst nur dies___ Fach hier öffnen und dies____ Hebel drehen, dann kommt das gestaute Papier raus.

**9 Ergänzen Sie die Endungen der Artikel, wenn nötig.**

Sehr geehrter Herr Schönborn,

vor zwei Jahren habe ich in Ihr______[1] Firma ein______[2] viermonatiges Praktikum gemacht, das mir sehr gut gefallen hat. Insbesondere d______[3] Arbeit in d______[4] internationalen Team, d______[5] kollegiale Zusammenarbeit und d______[6] effektive Organisation des Projekts haben mich für mein weiteres Studium bereichert. Sie hatten mich damals aufgefordert, mich nach d______[7] Abschluss mein______[8] Studiums auf ein______[9] Stelle bei Ihnen zu bewerben. Jetzt habe ich mein______[10] Informatikstudium mit d______[11] Schwerpunkt Hardwaresysteme mit d______[12] Note 1.2 abgeschlossen und möchte mich bei Ihnen auf d______[13] Stelle als Hardwareentwickler, die auf Ihr______[14] Homepage ausgeschrieben ist, bewerben. Auf ein______[15] solchen Stelle kann ich auch d______[16] Kenntnisse und Erfahrungen aus mein______[17] Bachelor-Arbeit anwenden. Über ein______[18] Einladung zu ein______[19] Vorstellungsgespräch würde ich mich sehr freuen.

Mit freundlichen Grüßen
Layla Badri

# 7 Pronomen

## ➡ Kapitel 21 in *Grammatik aktiv A1–B1*

### 1 Markieren Sie die Pronomen in den Sätzen und schreiben Sie sie in die Tabelle.

1 Ich liebe dich und gebe dir deshalb einen Kuss.
2 Er trifft sie viel häufiger als uns.
3 Könnt ihr ihm bitte auch von uns gratulieren?
4 Sie liebt das Baby und findet es süß.
5 Kannst du mir die Adresse von ihnen geben?
6 Wir möchten Sie einladen.
7 Kann ich Ihnen helfen?
8 Mir tut das Kind leid. Ich helfe ihm.
9 Mein Freund lässt euch grüßen.
10 Ich mag meine Geschwister und treffe sie oft.

| Nominativ | Akkusativ | Dativ |
|---|---|---|
| | mich | |
| du | | |
| | ihn | |
| | | ihr |
| es | | |
| wir | | |
| | | euch |
| sie | | |
| Sie | | |

### 2 Neue Nachbarn. Schreiben Sie das unterstrichene Nomen als Pronomen in die Klammern.

Gestern sind unsere neuen Nachbarn (________)[1] eingezogen. Wir haben den Mann (________)[2] gestern auf der Treppe gesehen. Wir konnten natürlich nicht länger mit dem Mann (________)[3] sprechen, weil er gerade ein schweres Sofa getragen hat. Als er das Sofa (________)[4] abgesetzt hatte, musste er erst mal ganz viel trinken. Wir haben seine Frau (________)[5] nur durch die offen stehende Tür gesehen. Die Frau (________)[6] hat in der leeren Wohnung Kaffee für die Umzugshelfer (________)[7] gemacht. Ich denke, das Koffein wird den Leuten (________)[8] helfen. Heute Nachmittag wollen wir die neuen Nachbarn (________)[9] begrüßen. Das Paar (________)[10] sieht sympathisch aus. Wir wollen den Leuten (________)[11] etwas zu Essen bringen. Sicher haben die Nachbarn (________)[12] gerade kaum Zeit zum Kochen. Ich hoffe, unser Essen (________)[13] schmeckt den Nachbarn (________)[14].

### 3 Nachbarliche Gespräche. Bitte antworten Sie und benutzen Sie ein Pronomen.

1 Siehst du das Auto da? — *Ja, ich sehe es.*
2 Gehört das Auto dem Professor? — Ja, ________
3 Findest du das Auto gut? — Ja, ________
4 Hast du auch den Mann gesehen? — Ja, ________
5 Trifft er den Professor? — Ja, ________
6 Nein, ich glaube, er geht zu der Frau! — Richtig! ________
7 Glaubst du, er kennt die Frau? — Ja, ich glaube, ________
8 Will die Frau den Mann auch treffen? — Ja, ________
9 Gibt die Frau dem Mann die Hand? — Ja, ________

## 4 Neuigkeiten. Ergänzen Sie die Pronomen im Text.

mir • mich • ihn • mir • mir • mir • dir • dir • dir • du • du • du • du • dich • ihm • ihnen • ihn • er • uns • sie • sie • sie • sie • sie

Liebe Aelia,

wie geht es ________ [1]? Ich habe schon so lange nichts mehr von ________ [2] gehört.

Was hast ________ [3] in der letzten Zeit gemacht?

Erinnerst ________ [4] dich noch an Eric aus unserem Kurs? Er war der, der immer mit ________ [5] ausgehen wollte und ________ [6] anscheinend toll fand. Ich fand ________ [7] zwar nett, aber nicht so nett. Ich habe gestern eine Einladung von ________ [8] bekommen. ________ [9] heiratet nämlich!

Und weißt ________ [10] wen? Die junge Frau aus der Klasse neben ________ [11]. Sie heißt Jule, du konntest ________ [12] nicht gut leiden. Aber Eric mag ________ [13] ja anscheinend. Und sie ________ [14].

Es würde mich interessieren, seit wann ________ [15] ein Paar sind.

Jetzt brauche ich ein Geschenk für ________ [16]. Hast ________ [17] vielleicht eine Idee? Was könnten ________ [18] brauchen, was könnte ________ [19] gefallen? ________ [20] fällt überhaupt nichts ein.

Hilf ________ [21] bitte!

Sonst gibt es von ________ [22] nicht viel Neues.

Bitte melde ________ [23] bald! Ich warte auf eine Nachricht von ________ [24]!

Viele Grüße

Elena

## 5 Verändern Sie das Subjekt und die Pronomen in den Sätzen wie im Beispiel.

1 ~~ich~~ – du: *Ich* kaufe *mir* ein Auto. → *Du kaufst dir ein Auto.*

2 ~~er~~ – sie: Das Haus gehört *ihm*. ________________________________

3 ~~wir~~ – sie *(Pl.)*: Die Lehrerin will mit *uns* die Prüfung besprechen und danach eine kleine Party für *uns* machen.

________________________________

4 ~~ich~~ – er: Der Friseur massiert *mir* den Kopf und schneidet *mir* die Haare. Er verwöhnt *mich*.

________________________________

5 ~~ihr~~ – wir: Der Lehrer bekommt am Ende des Kurses Geschenke von *euch*. Er war ja auch immer nett zu *euch* und hat *euch* viel geholfen. ________________________________

________________________________

6 ~~er~~ – ich: Der Chef macht *ihm* einen Vorschlag. Er möchte *ihn* befördern. Aber zuerst schickt er *ihn* auf eine Dienstreise. Er will viel Engagement von *ihm* sehen. ________________________________

________________________________

# 8 Reflexive Verben

➡ Kapitel 31 und 56 in *Grammatik aktiv A1–B1*

## 1 REFLEXIVPRONOMEN IM AKKUSATIV. Sommerurlaub. Kombinieren und ergänzen Sie.

1 Wir machen Urlaub um *uns* ______ — D

2 Am Strand kann man ______.

3 Du freust ______

4 Die meisten Deutschen legen ______

5 Ich frage ______

6 Interessiert ihr ______

A am besten entspannen.

B auch heutzutage noch in die Sonne.

C auch nur für eine gebräunte Haut?

D zu erholen

E schon lange auf den Urlaub.

F ob sie nicht wissen, dass das ungesund ist.

## 2 REFLEXIV ODER NICHT REFLEXIV? Ordnen Sie die Sätze zu den Bildern.

Sie kämmt sich. • Sie kämmt sie. • Sie zieht sich an. • Sie zieht sie an.

1 ______

2 ______

3 ______

4 ______

## 3 ZWEI TYPEN VON REFLEXIVEN VERBEN. Sortieren Sie die Verben in die Tabelle.

sich interessieren • ~~sich ausziehen~~ • sich waschen • sich erholen • sich freuen • sich abtrocknen • sich fragen • sich verlaufen • sich beeilen • sich vorstellen

| kann reflexiv und nicht reflexiv sein | rein reflexiv (man kann es nur selbst tun) |
| --- | --- |
| *sich ausziehen* | |
| | |
| | |
| | |
| | |

*Ich wasche mich* / *Ich ziehe mich an* oder *aus* bedeutet immer ganz / den ganzen Körper.
*Er rasiert sich* bedeutet fast immer: *Er rasiert sich den Bart.*

## 4 Sich selbst oder eine andere Person? Ergänzen Sie die Reflexivpronomen oder Personalpronomen.

1 Anstatt zu duschen, wäscht sie ________. Der Pullover ist schmutzig. Sie wäscht ________.

2 Die Kinder haben es gern, wenn man ________ schminkt, damit sie wie eine Prinzessin oder ein Tier aussehen. Als ich ein Kind war, hat meine Mutter mir verboten, dass ich ________ schminke.

3 Ich bade ________ lieber, aber die meisten Leute duschen ________ lieber. Die Pflanze hat es gern, wenn ich ________ dusche.

4 Ein Mann geht zum Friseur. Dieser rasiert ________. Der Friseur rasiert ________ selbst vor der Arbeit.

## 5 Immer das Gleiche. Reflexiv oder nicht? Ergänzen Sie das Reflexivpronomen, wenn nötig.

Meistens wache ich ________ 1 um 6.00 Uhr auf. Ich bleibe ________ 2 noch zehn bis fünfzehn Minuten im Bett liegen, bevor ich ________ 3 wirklich aufstehe. Aber dann muss ich ________ 4 beeilen. Ich rasiere ________ 5 schnell, nehme ________ 6 eine Dusche und frühstücke ________ 7 in drei Minuten. Obwohl ich ________ 8 jeden Tag auf die Nachrichten freue, habe ich ________ 9 nie Zeit, sie zu sehen. Darüber ärgere ich ________ 10 dann jeden Morgen! Aber ich fürchte, ich werde ________ 11 nicht mehr ändern.

## 6 REFLEXIVPRONOMEN IM AKKUSATIV UND DATIV

### a) Unterstreichen Sie den Akkusativ und Dativ in den Sätzen.

1 Ich wasche mich. 2 Ich wasche mir die Hände.

### b) Ergänzen Sie die Regel.

**Wenn im Satz ein Akkusativobjekt steht, steht das Reflexivpronomen im ________**

### c) Dialog durch die Badezimmertür. Ergänzen Sie das Reflexivpronomen im Akkusativ oder Dativ.

Tom und Tina gehen heute Abend ins Theater. Es beginnt um 20.00 Uhr, jetzt ist es 19.00 Uhr. Tina ist im Bad, das sehr klein ist, Tom steht vor der Badezimmertür.

**Tom:** „Hallo Schatz, was machst du so lange im Bad?“

**Tina:** „Ich rasiere ________ 1 die Beine!“

**Tom:** „Warum? Wir haben nicht mehr viel Zeit. Du musst ________ 2 beeilen!“

**Tina:** „Ja, ja, aber ich muss ________ 3 auch noch die Haare waschen. Hast du ________ 4 denn schon angezogen?“

**Tom:** „Ja, ich muss ________ 5 nur nachher noch die Schuhe anziehen. Mach jetzt schnell! Ich muss ________ 6 auch noch kämmen!“

**Tina:** „Du kannst ________ 7 auch im Flur die Haare kämmen, da ist doch auch ein Spiegel! Ich muss ________ 8 noch föhnen!“

**Tom:** „Aber du kannst ________ 9 auch im Flur die Haare föhnen, und ich gehe endlich ins Bad!“

**Tina:** „Wenn wir ________ 10 die ganze Zeit unterhalten, brauche ich noch mehr Zeit!“

**Tom** *(denkt)*: „Oh, ich wünsche ________ 11 wirklich, ich hätte ein zweites Bad.“

**7** **Bei welchen rein reflexiven Verben ist das Reflexivpronomen immer im Dativ, bei welchen immer im Akkusativ? Sortieren Sie die Verben in die Tabelle.**

~~sich freuen auf~~ – sich etwas überlegen – sich interessieren für … – sich beeilen – sich erinnern an – sich etwas einbilden – sich einigen auf … – sich unterhalten über – sich etwas merken – sich Zeit nehmen – sich verlieben in – sich etwas vornehmen – sich etwas wünschen – sich lohnen – sich etwas leisten

| Reflexivpronomen im Akkusativ | Reflexivpronomen im Dativ |
|---|---|
| *sich freuen – Ich freue mich auf …* | |

**8** **Kunst. Ergänzen Sie das Reflexivpronomen im Akkusativ oder Dativ.**

Gestern bin ich ins Museum für Moderne Kunst gegangen und habe ______[1] eine Ausstellung angesehen. Das war wirklich interessant. Bis gestern konnte ich ______[2] nicht vorstellen, dass ich ______[3] für moderne Kunst interessiere, aber heute sehe ich das anders. In manche Kunstwerke habe ich ______[4] richtig verliebt. Leider kann ich ______[5] keins der Bilder leisten, die dort im Museum hängen. Sie sind alle viel zu teuer, aber ich nehme ______[6] vor, mein Geld zu sparen, damit ich ______[7] vielleicht später einmal so ein Gemälde kaufen kann. Im Moment kann ich es ______[8] nur wünschen. Ich muss ______[9] überlegen: Wer könnte mir so ein Bild schenken?

**9** **Ergänzen Sie das Reflexivpronomen oder das Personalpronomen und markieren Sie die richtige Struktur.**

1 Es ist kalt heute. Man kann *sich* (Personalpronomen / <u>Reflexivpronomen</u>) leicht erkälten. Du musst ______ *(Personalpronomen / Reflexivpronomen)* unbedingt die Haare föhnen. Der Hund friert auch. Zieh ______ *(Personalpronomen / Reflexivpronomen)* eine Jacke an.

2 Wenn man eine Fremdsprache lernt, muss man ______ *(Personalpronomen / Reflexivpronomen)* auch mit der Grammatik beschäftigen. Glücklicherweise erklären die Lehrerin und der Lehrer ______ *(Personalpronomen / Reflexivpronomen)* die Grammatik gut. Aber die Wörter kann ich ______ *(Personalpronomen / Reflexivpronomen)* immer schlecht merken.

3 Mein Schatz, was wünschst du ______ *(Personalpronomen / Reflexivpronomen)* zu Weihnachten. Womit kann ich ______ *(Personalpronomen / Reflexivpronomen)* eine Freude machen? Leider hast du ______ *(Personalpronomen / Reflexivpronomen)* ja schon fast alles selbst gekauft und ______ *(Personalpronomen / Reflexivpronomen)* fällt nichts mehr ein.

4 Beeil ______ *(Personalpronomen / Reflexivpronomen)*! Heute kommt doch der neue Praktikant und du musst ______ *(Personalpronomen / Reflexivpronomen)* den Mitarbeiterinnen und Mitarbeitern vorstellen. Zeig ______ *(Personalpronomen / Reflexivpronomen)* bitte von deiner besten Seite und zeig ______ *(Personalpronomen / Reflexivpronomen)* die ganze Abteilung.

# Partnerseite 2

## ➡ Kapitel 5–8

Partner/-in A

**Arbeiten Sie zu zweit. Partner/-in A arbeitet auf dieser Seite, Partner/-in B arbeitet auf Seite 34. Partner/-in A liest den ersten Satz in Orange ⚠ und korrigiert ihn und liest ihn laut vor. Partner/-in B hat den richtigen Satz und kontrolliert.**
**Den nächsten Satz korrigiert Partner/-in B, liest ihn laut vor und Partner/-in A kontrolliert mit dem Satz in Grau. Die falschen und die korrigierten Wörter sind fett gedruckt.**

Hallo alle,

⚠ 1 ich finde **der** Frage „Darf man ungeliebte Geschenke weiterschenken" hochinteressant.

2 Haben wir nicht alle schon einmal **ein** Geschenk bekommen, das **uns** nicht wirklich gefallen hat:

⚠ 3 **Ein** Schal in einer Farbe, die **wir** überhaupt nicht steht, ein Bild, das **uns** eigentlich scheußlich finden,

4 oder – Süßigkeiten, die wir eigentlich vermeiden wollen oder die **uns** gar nicht schmecken?

⚠ 5 Was sollen **uns** damit machen? Soll ich **der** Schal tragen, obwohl ich damit wie tot aussehe?

6 Soll ich **das** Bild, immer wenn die Tante kommt, schnell an **die** Wand hängen?

⚠ 7 Soll ich **den** Süßigkeiten wegwerfen? Oder soll ich **ihnen** essen und **sich** ärgern?

8 Mir gefällt **die** Idee, die Sachen weiter zu schenken, viel besser. Ich finde das wirklich **kein** Problem.

⚠ 9 Wenn jemand **wir** einlädt, können wir **dem** Kasten Pralinen mitbringen, den uns **einen** Freund geschenkt hat.

10 Wenn ich **meinem** Nachbarn etwas zum Geburtstag schenken möchte, ist der Schal **das** ideale Geschenk, denn die Farbe steht **ihm** gut.

⚠ 11 Allerdings habe ich schon einmal **ein** teuren Wein von **einen** Freund zu Weihnachten bekommen, den ich ein Jahr vorher **meinen** Cousin geschenkt hatte.

12 Ich wusste das genau, denn ich hatte klein „für Sebastian" auf **das** Etikett geschrieben. Ich habe das **meinem** Freund gezeigt, er hat sich ein bisschen geschämt, aber dann haben wir **uns** darüber amüsiert.

⚠ 13 Dann haben wir **der** Weg des Geschenks rekonstruiert: Ich habe **der** Wein **meinen** Cousin geschenkt.

14 Er hat **sich** zwar gefreut, aber dann brauchte er **ein** Geschenk für **seinen** Schwiegervater und er hat **ihm** den Wein gegeben.

⚠ 15 Der Schwiegervater trinkt **kein** Wein und hat mit **die** Flasche seinen Nachbarn erfreut.

16 Die Nachbarn haben **sich** über das „für Sebastian" auf dem Etikett gewundert und haben **den** Wein **ihrem** Freund Sebastian geschenkt.

⚠ 17 Dieser Sebastian hat **die** Leuten für **dem** persönliche Geschenk gedankt, dann aber vergessen, dass etwas auf **das** Etikett steht.

18 Er hat **den** Wein **seinem** Bruder auf eine Party mitgebracht.

⚠ 19 Der Bruder fand **der** Wein zu wertvoll für **einer** große Party und hat **ihm** zur Seite gestellt.

20 Er ist **der** Mann, der **mein** Freund ist und **mir** „meinen" Wein wieder geschenkt hat.

⚠ 21 Aber Wein wird ja besser, wenn **ihn** älter ist.

# Partnerseite 2

## ➡ Kapitel 5–8

**Partner/-in B**

**Arbeiten Sie zu zweit. Partner/-in B arbeitet auf dieser Seite, Partner/-in A arbeitet auf Seite 33. Partner/-in A liest den ersten Satz und korrigiert ihn und liest ihn laut vor. Partner/-in B hat den richtigen Satz in Grau und kontrolliert.**
**Den nächsten Satz in Türkis ⚠ korrigiert Partner/-in B, liest ihn laut vor und Partner/-in A kontrolliert.**
**Die falschen und die korrigierten Wörter sind fett gedruckt.**

Hallo alle,

1 ich finde **die** Frage „Darf man ungeliebte Geschenke weiterschenken“ hochinteressant.

⚠ 2 Haben wir nicht alle schon einmal **einem** Geschenk bekommen, das **wir** nicht wirklich gefallen hat:

3 **Einen** Schal in einer Farbe, die **uns** überhaupt nicht steht, ein Bild, das **wir** eigentlich scheußlich finden,

⚠ 4 oder **den** Süßigkeiten, die wir eigentlich vermeiden wollen oder die **wir** gar nicht schmecken?

5 Was sollen **wir** damit machen? Soll ich **den** Schal tragen, obwohl ich damit wie tot aussehe?

⚠ 6 Soll ich **dem** Bild, immer wenn die Tante kommt, schnell an **der** Wand hängen?

7 Soll ich **die** Süßigkeiten wegwerfen? Oder soll ich **sie** essen und **mich** ärgern?

⚠ 8 Mir gefällt **der** Idee, die Sachen weiter zu schenken, viel besser. Ich finde das wirklich **nicht ein** Problem.

9 Wenn jemand **uns** einlädt, können wir **den** Kasten Pralinen mitbringen, den uns **ein** Freund geschenkt hat.

⚠ 10 Wenn ich **mein** Nachbarn etwas zum Geburtstag schenken möchte, ist der Schal **dem** ideale Geschenk, denn die Farbe steht **ihn** gut.

11 Allerdings habe ich schon einmal **einen** teuren Wein von **einem** Freund zu Weihnachten bekommen, den ich ein Jahr vorher **meinem** Cousin geschenkt hatte.

⚠ 12 Ich wusste das genau, denn ich hatte klein „für Sebastian“ auf **dem** Etikett geschrieben. Ich habe das **meinen** Freund gezeigt, er hat sich ein bisschen geschämt, aber dann haben wir **sich** darüber amüsiert.

13 Dann haben wir **den** Weg des Geschenks rekonstruiert: Ich habe **den** Wein **meinem** Cousin geschenkt.

⚠ 14 Er hat **ihn** zwar gefreut, aber dann brauchte er **einem** Geschenk für **sein** Schwiegervater und er hat **ihn** den Wein gegeben.

15 Der Schwiegervater trinkt **keinen** Wein und hat mit **der** Flasche seinen Nachbarn erfreut.

⚠ 16 Die Nachbarn haben **euch** über das „für Sebastian“ auf dem Etikett gewundert und haben **der** Wein **ihren** Freund Sebastian geschenkt.

17 Dieser Sebastian hat **den** Leuten für **das** persönliche Geschenk gedankt, dann aber vergessen, dass etwas auf **dem** Etikett steht.

⚠ 18 Er hat **der** Wein **seinen** Bruder auf eine Party mitgebracht.

19 Der Bruder fand **den** Wein zu wertvoll für **eine** große Party und hat **ihn** zur Seite gestellt.

⚠ 20 Er ist **den** Mann, der **meinen** Freund ist und **mich** „meinen“ Wein wieder geschenkt hat.

21 Aber Wein wird ja besser, wenn **er** älter ist.

# Temporale Präpositionen

➡ **Kapitel 32 und 83 in *Grammatik aktiv A1–B1***

## 1 ZEITPUNKTE

**a) Notieren Sie die Zeitangaben zu den Präpositionen.**

| Jahreszeiten (*Sommer, Frühling*) • Tage (*Sonntag*) • Monate (*Juli*) • Tageszeiten (*Vormittag*) • Daten (*12.5.*) • Uhrzeiten (*12 Uhr*) • Jahreszahlen (*2024*) und: *Mitternacht* • *Wochenende* • *Feierabend* |
|---|

keine Präposition ________________

im ________________

am ________________

um ________________

**b) Abfahrt mit Hindernissen. Ergänzen Sie die Präposition, wenn nötig.**

________[1] 2019 wollte ich mit meiner Frau und unseren drei Kindern ________[2] Frühsommer eine Reise mit dem Auto an die Nordsee machen. ________[3] Freitag begannen wir ________[4] Abend zu packen. ________[5] Samstag wollten wir ________[6] späten Vormittag losfahren und schon ________[7] Wochenende das Meer genießen. ________[8] circa 10 Uhr stellten wir fest, dass wir nicht wussten, wo unsere Ausweise waren. Nach langer Suche fanden wir sie ________[9] späten Vormittag, aber jetzt hatten die Kinder Hunger. Als wir ________[10] 15 Uhr abfahrbereit waren, fiel uns auf, dass wir vergessen hatten, jemandem unseren Schlüssel zu geben und ihn zu bitten, dass er die Blumen gießt. ________[11] späteren Nachmittag hatten wir das organisiert, aber als wir das Auto starten wollten, sprang der Motor nicht an. Die Abfahrt glückte schließlich ________[12] Mitternacht. Nach vielen Stunden Fahrt kamen wir endlich ________[13] Vormittag ________[14] 10 Uhr an.

Wir begannen also unseren Urlaub leider erst einen Tag später, ________[15] 16.6. anstatt ________[16] 15.6. ________[17] nächsten Sommer wollen wir wieder ________[18] August Urlaub an der Nordsee machen. Dann fahren wir aber mit dem Zug. Wir wollen schon ________[19] frühen Morgen ________[20] 5 Uhr mit dem Zug losfahren.

## 2 ZEITRÄUME, ANFANGS- UND ENDPUNKTE

**a) Ergänzen Sie die Präposition.**

| ab • außerhalb • bis • bei • innerhalb • seit • von • während |
|---|

1 Anfang: ________/________

2 in einem Zeitraum: ________

3 parallele Aktionen: ________

4 Ende: ________

4 Beginn früher, heute noch: ________

5 nicht in einem Zeitraum: ________

6 Situationen/Aktionen: ________

**b) Wiedersehen. Markieren Sie die korrekte Präposition.**

Wir sind schon *vor/seit/in* 2020 Kollegen und bald trennen sich unsere Wege *vor/nach/seit* vielen Jahren Zusammenarbeit. Aber wir machen eine Verabredung: Wir treffen uns *in/–/im* 2035 *im/ab/am* ersten Sonntag *am/um/im* Monat Mai *um/am/im* 12.00 Uhr genau hier wieder. Dann können wir uns erzählen, was *nach zwischen/an* unserem Abschied und unserem Wiedersehen passiert ist. *An/Seit/Bei* unserem Treffen machen wir auch aus, ob wir uns dann *während/in/ab* einem oder zwei oder drei Jahren wieder am gleichen Ort treffen.

## 3 PRÄPOSITION UND KASUS

**a) Mit welchem Kasus stehen die Präpositionen, wenn sie temporal gebraucht sind? Sortieren Sie in die Tabelle.**

ab • an • außerhalb • bis zu • bei • innerhalb • nach • seit • um • von • vor • während

| mit Akkusativ | mit Dativ | mit Genitiv |
|---|---|---|
| ______ | ______, ______, ______ | ______, ______, ______ |
| | ______, ______, ______ | |
| | ______, ______ | |

**b) Tango. Ergänzen Sie die Präpositionen und die Endungen.**

~~bei~~ • außerhalb • während • ab • am • am • an • in • in • von • um • bis • von • seit • bis • vor

*Bei* [1] meine___ [2] Anmeldung ______ [3] drei Jahre___ [4] zu einem Tango-Kurs, dachte ich, dass ich den Kurs ______ [5] drei Monate___ [6] beenden würde. Der Kurs fand ______ [7] Freitag ______ [8] 18.00 ______ [9] 20.00 Uhr statt und ______ [10] Samstag gab es ______ [11] jede___ [12] zweite___ [13] Wochenende ein freies Tanzen ______ [14] 21.00 Uhr. Das war toll, oft war ich noch ______ [15] Mitternacht auf der Tanzfläche. Ich habe ______ [16] d___ [17] letzte___ [18] Jahre___ [19] ______ [20] d___ [21] Kurs___ [22] mit vielen verschiedenen Tänzern geübt und es war ______ [23] Anfang ______ [24] heute immer ein Vergnügen. Ich bin nun ______ [25] über drei Jahre___ [26] Mitglied und tanze inzwischen auch ______ [27] d___ [28] Tanzstunde oft Tango.

## 4 ZEITPUNKTE UND ZEITRÄUME

**a) Welche Präposition nennt einen Zeitpunkt, welche einen Zeitraum? Ordnen Sie zu.**

an • ab • außerhalb • bei • innerhalb • nach • seit • um • vor • während

| Zeitpunkt | Zeitraum |
|---|---|
| ______ | ______ |
| ______ | ______ |
| ______ | ______ |
| ______ | ______ |
| ______ | ______ |

**b) Schreiben Sie mit den Wörtern im Kasten jeweils zwei Sätze. In einem Satz geht es immer um einen Zeitpunkt, in einem um einen Zeitraum.**

1 | ~~Ich~~ • ~~arbeite~~ • ~~2019~~ • ~~in der Firma~~ • ~~drei Jahren~~ • ~~seit~~ • ~~in der Firma~~ • ~~angefangen~~ • ~~habe~~ • ~~Ich~~ |

a) *Ich habe 2019 in der Firma angefangen.*

b) *Ich arbeite seit drei Jahren in der Firma.*

2 | Die Firma • 2020 • Unser Standort ist • Köln • seit vier Jahren • gezogen • ist • nach Köln |

a) ______________________________

b) ______________________________

3 | Er • gefahren • um • gefahren • ist • von Mainz nach Köln • 9 Uhr • losgefahren • innerhalb • Er • von zwei Stunden • ist |

a) ______________________________

b) ______________________________

4 | Sie • rufen • an • außerhalb • ab 8 Uhr • können uns • der Sprechzeiten • Sie • erreichen |

a) ______________________________

b) ______________________________

5 | Ich • habe • vor • seit • meiner Kindheit • schwimmen • gelernt • schwimmen • Ich • kann • 20 Jahren |

a) ______________________________

b) ______________________________

6 | Ich • bin • wach • aufgewacht • seit • zwei Stunden • um • Ich • bin • 6 Uhr |

a) ______________________________

b) ______________________________

**5 Ergänzen Sie *vor* oder *in*.**

1 Er ist __________ drei Stunden losgefahren und will schon __________ zwei Tagen zurückkommen.

2 Wenn ich mich __________ 30 Minuten nicht melde, rufen Sie die Polizei!

3 Wenn ich __________ drei Tagen gewusst hätte, wie das Wetter hier ist! Ich glaube, ich fahre __________ zwei Tagen wieder nach Hause.

4 Ich muss __________ vier Tagen den Bericht abgeben. Das habe ich gerade __________ zehn Minuten erfahren.

# 10 Präpositionen mit Dativ und Akkusativ

➡ Kapitel 33, 34, 35 und 36 in *Grammatik aktiv A1–B1*

**1 Welche Präposition steht mit Akkusativ, welche mit Dativ?**

**a) Sortieren Sie die Präpositionen in die Tabelle.**

aus • bei • durch • für • gegen • mit • nach • ohne • seit • um • von • zu

| mit Akkusativ | mit Dativ |
|---|---|
| ____, ____, ____, ____, ____ | ____, ____, ____, ____, ____, ____, ____ |

**b) Ergänzen Sie die Artikel und die Pluralendungen in der korrekten Form.**

| | maskulin | neutral | feminin | Plural |
|---|---|---|---|---|
| **mit** | *dem* Wagen | ____ Auto | ____ U-Bahn | ____ Fahrräder__ |
| **aus** | ____ Garten | ____ Haus | ____ Bahn | ____ Fenster__ |
| **für** | ____ Chef | ____ Baby | ____ Kollegin | ____ Nachbarn |
| **ohne** | *den* Mantel | ____ Auto | ____ Jacke | ____ Freunde__ |
| **von** | ____ Freund | ____ Kind | ____ Kollegin | ____ Freunde__ |

**c) Ergänzen Sie die Personalpronomen in der korrekten Form.**

| | | | |
|---|---|---|---|
| ich | von *mir* | wir | bei ____ |
| du | für ____ | ihr | von ____ |
| er | mit ____ | sie | mit ____ |
| sie | zu ____ | Sie | gegen ____ |
| es | ohne ____ | | |

**d) Ortswechsel. Ergänzen Sie die korrekten Endungen.**

Nach d____ [1] Uni *(f)* fand ich es schwer, mich für ein____ [2] Beruf *(m)* zu entscheiden. Ohne ein____ [3] Idee *(f)*, was man dort eigentlich macht, bewarb ich mich bei ein____ [4] bekannt____ [5] Firma *(f)* für Filmproduktion um ein____ [6] Stelle *(f)*. Die Firma entschied sich glücklicherweise für mein____ [7] Bewerbung *(f)* und so musste ich von Frankfurt nach München umziehen. Ich fuhr mit ein____ [8] klein____ [9] Lkw *(m)* los, und als ich durch d____ [10] Autofenster *(n)* die Morgensonne aufgehen sah, war ich sehr zufrieden, obwohl ich diesen Umzug gegen d____ [11] Wunsch *(m)* von mein____ [12] Eltern *(Pl.)* und Freunde____ [13] *(Pl.)* machte. Zu____ [14] Mittagessen *(n)* war ich schon in der Nähe von mein____ [15] Ziel *(n)*, München, angekommen. Hier wohne ich nun seit ein____ [16] Jahr *(n)* und habe nicht den Plan, wieder von dies____ [17] Ort *(m)* wegzuziehen.

## 2 WECHSELPRÄPOSITIONEN: *WO*? DATIV. *WOHIN*? AKKUSATIV.

### a) Schreiben Sie die passende Präposition.

Diese 9 Präpositionen wechseln zwischen Akkusativ und Dativ, wenn sie lokal (für Orte) gebraucht werden. Wenn sie temporale Bedeutung haben (*wann?*), werden sie mit Dativ gebraucht.

| an • auf • hinter • ~~in~~ • neben • über • unter • vor • zwischen |
|---|

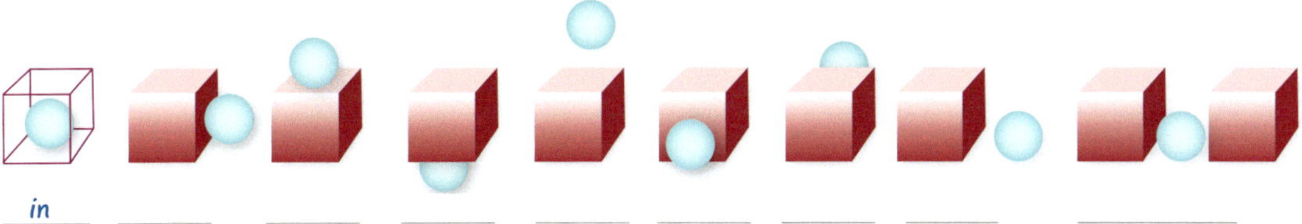

*in* ______ ______ ______ ______ ______ ______ ______ ______ ______

### b) Ergänzen Sie die richtige Form.

| | Präposition | Ich war ... (wo?) | Ich gehe ... (wohin?) |
|---|---|---|---|
| das Kino | in | *im Kino* | *ins Kino* |
| der Spiegel | vor | | |
| der Strand | an | | |
| der Sportplatz | auf | | |
| die Garage | hinter | | |
| mein Freund (*m*) | neben | | |
| die Straße | über | | |

## 3 Am Arbeitsplatz. Ergänzen Sie die Präpositionen und die Artikel oder Endungen wie im Beispiel.

Wenn ich morgens *ins* [1] Büro *(in; n)* komme, hänge ich meine Jacke ______ [2] Stuhllehne *(über; f)*, setze mich ______ mein___ [3] Stuhl *(auf; m)*, schalte den Computer an und gehe ______ [4] Internet *(in; n)*. Dann checke ich meine E-Mails. Die neuesten Nachrichten lese ich schon ______ [5] Weg *(auf; m)* ______ [6] Arbeit *(zu; f)* ______ [7] Handy *(in; n)*. Meistens sitze ich fast bis mittags ______ [8] Schreibtisch *(an; m)*. Wenn ich länger als drei Stunden ______ ein___ [9] Stuhl *(auf; m)* gesessen habe, muss ich mich ______ [10] Essen *(vor; n)* ein bisschen bewegen. Ich gehe dann kurz ______ [11] Straße *(auf; f)* oder laufe eine kleine Runde ______ [12] Park *(durch; m)*. ______ [13] Dach *(auf; n)* der Firma befindet sich eine schöne Terrasse, wo man ______ [14] Frühling *(in; m)* wunderbar ______ Sonnenschirme___ [15] *(unter; Pl.)* Pause machen kann.

______ [16] Firma *(neben; f)* gibt es ______ ein___ [17] andere___ [18] Gebäude *(in; n)* eine Kantine ______ verschiedene___ [19] Büros *(für; Pl.)*. Wenn ich ______ dies___ [20] Kantine *(in; f)* esse, hole ich mir schnell das Essen ______ [21] Theke *(an; f)* und setze ich mich dann möglichst ______ mein___ Kollege___ [22] *(neben; Pl)*, weil ich mich ______ [23] *(mit; sie)* unterhalten möchte.

Wenn ich ______ fremde___ [24] Menschen *(zwischen; Pl.)* ______ andere___ [25] Büros *(aus; Pl.)* sitze, schmeckt mir das Essen nicht so gut, denn ich bin etwas schüchtern.

______ [26] Essen *(nach; n)* muss ich dann wieder ______ [27] Computer *(an; m)* arbeiten.

# 11 Lokale Präpositionen

➡ Kapitel 35, 36, 37, 38 und 39 in *Grammatik aktiv A1–B1*

## 1 WO? WOHIN? WOHER?

**a) Wo sind Sie gerne? Ergänzen Sie die Präpositionen.**

_______ Wohnzimmer, _______ dem Sportplatz, _______ Sport, _______ Strand, _______ dem Sofa, _______ Bett, _______ meinen Eltern, _______ Paris, _______ Hause ⚠

**b) Wohin möchten Sie fahren? Ergänzen Sie die Präpositionen.**

_______ Meer, _______ einen hohen Berg, _______ Gebirge, _______ Rom, _______ die Schweiz, _______ Ausland _______ meinen Freunden, _______ Hause ⚠

**c) Woher kommen Sie gerade? Ergänzen Sie die Präpositionen.**

_______ Strand, _______ meiner Heimat, _______ Japan, _______ meiner Schwester, _______ Arzt, _______ dem Haus, _______ dem Kino, _______ _______ Hause ⚠

## 2 WOHIN FAHREN SIE? Ordnen Sie die Länder der korrekten Präposition zu: *nach* oder *in*?

Deutschland • die Türkei • China • die Niederlande (Plural) • der Sudan • Brasilien • Peru • die USA (Plural) • der Irak • Frankreich • Belgien • der Jemen • Taiwan • Saudi Arabien • die Vereinigten Arabischen Emirate (Plural) • die Schweiz • Italien • Kanada • die Ukraine • Kenia • Thailand • die Mongolei • Argentinien • Uruguay • Namibia • Island • der Oman • Georgien • Kolumbien • Spanien • Mexiko • Großbritannien

***nach*** **kann als lokale Präposition nur für Städtenamen (*nach* Paris), Länder ohne Artikel (*nach* Japan) verwendet werden. Bei Ländernamen mit Artikel muss man *in* + Akkusativ verwenden (*in den* Oman).**

| Ich fahre *nach* ... | Ich fahre *in* ... |
|---|---|
| | |

## 3 WOHER KOMMEN SIE? Markieren Sie die korrekte Präposition: *aus* oder *von*?

Ich komme *aus/von* Neapel, also *aus/von* Italien. Gerade eben komme ich *aus/von* der Firma Sola *aus/von* meinem Büro. Wenn ich *aus/von* der Arbeit komme, mache ich immer zuerst Sport. Wenn ich dann *aus/von* dem Sport *aus/von* dem Fitnessstudio komme, bin ich wieder so fit, dass mich mein Nachbar schon gefragt hat, ob ich *aus/von* dem Urlaub komme.

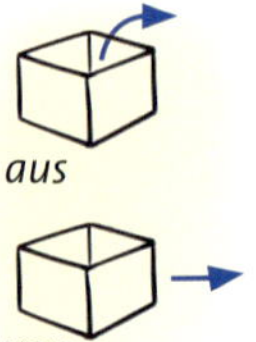

**4** **Schreiben Sie die lokalen Angaben in die Tabelle: *in* oder *zu*? *aus* oder *von*? Achten Sie auf den Kasus. Wählen Sie bitte – immer, wenn es möglich ist – *in* bzw. *aus*.**

Man kann auf die Frage *wohin*? meistens auch mit *zu* antworten. Das bedeutet dann aber, dass man in die Richtung geht, und nicht unbedingt in das Gebäude hinein geht. Das Gleiche gilt für *aus* und *von*.

| | **Wohin?** | | **Woher?** | |
|---|---|---|---|---|
| | **in** | **zu** | **aus** | **von** |
| das Kino | *in das Kino / ins Kino* | | *aus dem Kino* | |
| der Arzt | | *zum Arzt* | | *vom Arzt* |
| das Krankenhaus | | | | |
| das Gebäude | | | | |
| Ikea | | | | |
| Tom | | | | |
| die Universität | | | | |
| mein Freund | | | | |
| das Bett | | | | |
| der Urlaub | | | | |
| die Arbeit | | | | |
| das Büro | | | | |
| die Firma | | | | |
| der Bäcker | | | | |
| die Bäckerei | | | | |

**5** ***IN* ODER *AUF*? Gesunder Urlaub. Ergänzen Sie die Präposition und den Artikel in der richtigen Form.**

Es ist sehr schön __________ [1] Natur *(f)* zu sein, Deshalb fahren wir __________ [2] Urlaub *(m)* meistens __________ [3] Nordseeinsel Sylt *(f)*. Leider ist es oft zu kalt, um __________ [4] Meer *(n)* baden zu können. Also gehen wir __________ [5] Schwimmbad *(n)* und sehr oft __________ [6] Tennisplatz *(m)*. Wir kochen __________ [7] Ferienwohnung *(f)* und essen oft __________ [8] Terrasse *(f)* oder __________ [9] Garten *(m)*. Die Zutaten kaufen wir statt __________ [10] Supermarkt *(m)* lieber __________ [11] Markt *(m)* oder direkt beim Bauern.

**6** ***BEI* ODER *ZU*? Tagesplan. Ergänzen Sie die Präposition und den Artikel in der richtigen Form.**

Ich war gerade __________ [1] Sport, und muss jetzt leider noch __________ [2] Zahnarzt, bevor ich __________ [3] Arbeit gehe. Wenn man __________ [4] Zahnarzt war, darf man meistens zwei Stunden lang nichts essen. Deshalb nehme ich mir heute ein kleines Frühstück __________ [5] Arbeit mit. In der Mittagspause laufe ich dann schnell __________ [6] Aldi. Dann kann ich am Nachmittag __________ [7] der Arbeit noch etwas essen. Um 18 Uhr möchte ich dann __________ [8] meinem Freund gehen und __________ [9] ihm den Abend verbringen.

## 7 *AN ODER AUF*? Pläne. Ergänzen Sie die Präposition und die Endungen.

*an* = vertikaler Kontakt:

*auf* = horizontaler Kontakt:

Ich sitze ______ [1] Schreibtisch *(m)* ______ [2] mein____ [3] neuen, ergonomischen Stuhl *(m)*. ______ [4] d____ [5] Tisch *(m)* steht mein Computer, ______ [6] d____ [7] Bildschirm *(m)* habe ich mir ein paar Zettel geklebt, damit ich nichts vergesse.

Genau: Heute muss ich noch ______ [8] d____ [9] Markt *(m)* gehen und einkaufen, dann hole ich mir auch noch ein Eis ______ [10] Kiosk *(m)*, bevor ich ______ [11] d____ [12] Sportplatz *(m)* gehe und danach ______ [13] Fluss spazieren gehe.

Danach setze ich mich ______ [14] d____ [15] Sofa *(n)* ______ [16] d____ [17] Kamin *(m)*.

## 8 *NEBEN* ODER *AN*? Ergänzen Sie.

*an*: vertikaler Kontakt oder starke Nähe

*neben*: parallel / mit Abstand

1 ________ meinem Haus ist ein Supermarkt. Ich stehe oft ________ Fenster und beobachte die Leute.

2 In der Schule wollte ich immer ________ meiner Freundin sitzen und ganz weit hinten, weil man dann nicht so oft ________ die Tafel kommen musste.

3 In der Wohnung ________ meiner Wohnung sind interessante neue Nachbarn eingezogen. Ich höre jetzt manchmal ________ der Wand, um zu erfahren, worüber sie reden.

4 ________ meinem Schreibtisch steht ein Regal. Wenn ich ________ Schreibtisch sitze, kann ich mir ein Buch aus dem Regal nehmen ohne aufzustehen.

5 Wenn ich ________ Computer arbeite, stelle ich mir immer ein Glas Wasser ________ die Tastatur, denn Trinken ist wichtig.

6 ________ der Wand vor meinem Schreibtisch hängt ein Kalender. ________ dem Kalender ist noch Platz für mein neu gekauftes Bild.

7 Ich wohne ________ der Ecke Basaltstraße/Leipzigerstraße. ________ meinem Haus ist eine Apotheke.

## 9 Mein Arbeitsplatz. Ergänzen Sie die Präposition und die korrekte Form.

| auf • an • an • an • in • in • in • in • in • neben • zwischen • zwischen • unter • vor • hinter |
|---|

Die Firma, bei der ich arbeite, liegt ________ [1] Frankfurt ________ [2] Hessenplatz *(m)*. Mein Büro ist ________ [3] 4. Stock *(m)*. ________ mein____ [4] Büro *(n)*, ________ [5] 3. Stock *(m)*, ist der Betriebskindergarten und ________ [6] Erdgeschoss *(n)* ist ein kleines Restaurant. ________ d____ [7] Restaurant *(n)* und d____ [8] Kindergarten *(m)* hat eine andere Firma ihre Räume. Wenn ich manchmal ________ [9] Büro *(n)* komme, merke ich schon, dass sich die Kollegin, die ________ ____ [10] *(ich)* und mein____ [11] Kollegen *(m)* sitzt, über den „Lärm" der Kinder ärgert. Ich stelle mich dann ________ ____ [12] *(sie)* ________ ihr____ [13] Schreibtisch *(m)* und singe. Ich bin froh, dass wir nicht ________ ein____ [14] lauten Straße *(f)* arbeiten: ________ d____ [15] Haus *(n)* ist ein Hof und ________ d____ [16] Firma *(f)* ist ein Spielplatz. ________ d____ [17] Spielplatz *(m)* gehen die Kinder oft nachmittags.

# Partnerseite 3

## ➡ Kapitel 9–11

Partner/-in A

**Arbeiten Sie zu zweit. Partner/-in A arbeitet auf dieser Seite, Partner/-in B arbeitet auf Seite 44. Partner/-in A liest den ersten Satz in Orange ⚠ und korrigiert ihn und liest ihn laut vor. Partner/-in B hat den richtigen Satz und kontrolliert.**
**Den nächsten Satz korrigiert Partner/-in B, liest ihn laut vor und Partner/-in A kontrolliert mit dem Satz in Grau. Die Korrekturen sind fett gedruckt.**

Die Fehler sind immer eine falsche Präposition oder der falsche Kasus (Akkusativ, Dativ, Genitiv).

Sehr geehrte Damen und Herren,

⚠ 1 im 7.6. habe ich im Internet ein Fahrrad bei Sie bestellt. *(Präposition / Kasus)*

2 Sie wollten es in drei **Tagen** liefern.

⚠ 3 Aber erstens kam das Fahrrad erst nach eine Woche an. *(Kasus)*

4 Und zweitens hatten Sie die falsche Hausnummer auf **das** Paket geschrieben, nämlich die von **meinen** Nachbarn.

⚠ 5 So hat der Postbote es zu meine Nachbarn gebracht. *(Kasus)*

6 Ich musste das schwere Paket **von** meinen Nachbarn aus **dem** dritten Stock holen.

⚠ 7 Das war ein Problem, denn ich hatte von Kurzem eine Operation bei dem Knie. *(Präposition / Präposition)*

8 Das Fahrrad sollte ein Geschenk **für** meine Frau **zum** Geburtstag sein, der **am** 17.6. ist.

⚠ 9 Als ich das Fahrrad zum Aufbauen in der Keller getragen hatte und von der Verpackung genommen hatte, *(Kasus / Präposition)*

10 habe ich gleich bemerkt, dass ein Teil nicht zu **den** anderen Teile**n** passte:

⚠ 11 Sie haben ein rotes Fahrrad mit einen blauen Lenker in dem Paket gepackt. *(Kasus / Kasus)*

12 Ich bin absolut enttäuscht von **Ihrer** Firma und fordere Sie auf, das Fahrrad umgehend **von** hier abzuholen.

⚠ 13 Außerdem müssen Sie mir innerhalb eine Woche den überwiesenen Betrag in Höhe vor 256,– Euro auf meinem Konto zurücküberweisen. *(Kasus / Präposition / Kasus)*

14 Natürlich werde ich mir in Zukunft überlegen, ob ich noch einmal **im** Internet bestelle oder besser **in** ein Geschäft gehe.

Mit freundlichen Grüßen

*Matteo Rücker*

# Partnerseite 3
## ➡ Kapitel 9–11

Partner/-in B

**Arbeiten Sie zu zweit. Partner/-in B arbeitet auf dieser Seite, Partner/-in A arbeitet auf Seite 43. Partner/-in A liest den ersten Satz und korrigiert ihn und liest ihn laut vor. Partner/-in B hat den richtigen Satz in Grau und kontrolliert.**
**Den nächsten Satz in Türkis ⚠ korrigiert Partner/-in B, liest ihn laut vor und Partner/-in A kontrolliert. Die Korrekturen sind fett gedruckt.**

Die Fehler sind immer eine falsche Präposition oder der falsche Kasus (Akkusativ, Dativ, Genitiv).

Sehr geehrte Damen und Herren,

1 **am** 7.6. habe ich im Internet ein Fahrrad bei **Ihnen** bestellt.

⚠ 2 Sie wollten es in drei Tage liefern. *(Kasus)*

3 Aber erstens kam das Fahrrad erst nach **einer** Woche an.

⚠ 4 Und zweitens hatten Sie die falsche Hausnummer auf dem Paket geschrieben, nämlich die von meine Nachbarn. *(Kasus / Kasus)*

5 So hat der Postbote es zu **meinen** Nachbarn gebracht.

⚠ 6 Ich musste das schwere Paket vor meinen Nachbarn aus den dritten Stock holen. *(Präposition / Kasus)*

7 Das war ein Problem, denn ich hatte **vor** Kurzem eine Operation **am** Knie.

⚠ 8 Das Fahrrad sollte ein Geschenk zu meine Frau für Geburtstag sein, der im 17.6. ist. *(Präposition / Präposition / Präposition)*

9 Als ich das Fahrrad zum Aufbauen in **den** Keller getragen hatte und **aus** der Verpackung genommen hatte,

⚠ 10 habe ich gleich bemerkt, dass ein Teil nicht zu die anderen Teile passte: *(Kasus)*

11 Sie haben ein rotes Fahrrad mit **einem** blauen Lenker in **das** Paket gepackt.

⚠ 12 Ich bin absolut enttäuscht von Ihre Firma und fordere Sie auf, das Fahrrad umgehend aus hier abzuholen. *(Kasus / Präposition)*

13 Außerdem müssen Sie mir innerhalb **einer** Woche den überwiesenen Betrag in Höhe **von** 256,– Euro auf **mein** Konto zurücküberweisen.

⚠ 14 Natürlich werde ich mir in Zukunft überlegen, ob ich noch einmal in Internet bestelle oder besser bei ein Geschäft gehe. *(Präposition / Präposition)*

Mit freundlichen Grüßen

*Matteo Rücker*

# Adjektivdeklination

## ➡ Kapitel 40, 41, 70 und 71 in *Grammatik aktiv A1–B1*

### 1 ADJEKTIVENDUNGEN IM NOMINATIV, AKKUSATIV UND DATIV

**a) Unterstreichen Sie in den Sätzen 1–4 den Nominativ schwarz, den Akkusativ blau und den Dativ rot.**

1 Unsere netten Nachbarn haben drei süße Kinder: ein kleines Baby, einen kleinen Jungen und ein großes Mädchen.
2 Der kleine Junge spielt oft mit seinen kleinen Freunden in dem großen Garten.
3 Die kleine Tochter fährt mit ihrer besten Freundin mit einem gelbschwarzen Fahrrad um das Haus herum.
4 Das süße Baby sitzt auf der Terrasse und schaut den großen Geschwistern zu.

**b) Markieren Sie in den Sätzen die Adjektivendungen und ergänzen Sie dann die Endungen aus den Sätzen in der Tabelle.**

| | maskulin | neutral | feminin | Plural |
|---|---|---|---|---|
| N | der klein__ Mann<br>ein kleiner Mann<br>kein kleiner Mann | das klein___ Haus<br>ein klein___ Haus<br>kein kleines Haus | die klein___ Frau<br>eine kleine Frau<br>keine kleine Frau | die kleinen Kinder<br>– klein___ Kinder<br>keine klein___ Kinder |
| A | den kleinen Mann<br>einen klein___ Mann<br>keinen kleinen Mann | | | |
| D | dem kleine__ Mann<br>einem kleinen Mann<br>keinem kleinen Mann | dem kleinen Haus<br>einem klein___ Haus<br>keinem kleinen Haus | der kleinen Frau<br>einer kleinen Frau<br>keiner klein__ Frau | den klein___ Kindern<br>– kleinen Kindern<br>keinen klein__ Kindern |

**c) Ergänzen Sie die Regel.**

Nach Possessivartikeln (*mein, dein, sein, ihr, unser, euer, ihr, Ihr*) hat das Adjektiv die gleiche Endung wie nach ___________.

**d) Markieren Sie die Signale in der Tabelle wie im Beispiel.**

**Beispiel:** der kleine Mann
ein kleiner Mann
kein kleiner Mann

**e) Ergänzen Sie die Endungen.**

1 ● Kannst du am nächst___ Dienstag?
● Tut mir leid, in der nächst___ Woche kann ich gar nicht. Ich habe eine wichtig___ Verabredung.

2 ● Heute ist ein ganz besonder___ Tag. Heute ist mein letzt___ Arbeitstag in meiner alt___ Firma. Das möchte ich heute Abend mit meinen gut___ Freunden feiern. Ein paar von meinen alt___ Kolleginnen und Kollegen kommen auch. In der nächst___ Woche beginne ich in der neu___ Firma. Ich bin schon sehr gespannt auf meine neu___ Arbeit und meine neu___ Kolleginnen und Kollegen.
● Wollen wir uns nächst___ Wochenende einmal treffen? Ich könnte am früh___ Abend, gegen sechs Uhr. Dann könntest du mir erzählen, wie du dich auf deine neu___ Stelle beworben hast und wie dein neu___ Chef ist. Ich überlege auch, mir eine besser___ Stelle zu suchen.

## 2 ENDUNGEN IM DATIV. Meine kleine Schwester und ihr schickes Handy. Ergänzen Sie.

Das Handy von meiner klein___ [1] Schwester ist gestern auf die Straße gefallen. Es lag mit einem zerbrochen___ [2] Display in einer schmutzig___ [3] Wasserpfütze. So etwas passiert meiner klein___ [4] Schwester häufiger. Sie ist sehr unvorsichtig. Jetzt ist sie in dem neu___ [5] Handygeschäft und diskutiert mit dem nett___ [6] Verkäufer, was man damit noch machen kann. Das Handy gefällt meiner klein___ [7] Schwester sehr gut, sie findet es sehr cool. Aber leider ist nicht nur das Display von ihrem schick___ [8] Handy kaputt, sondern auch das Mikrofon. So bleibt meiner klein___ [9] Schwester nichts anderes übrig, als ein neues Handy zu kaufen.

## 3 ENDUNGEN IM PLURAL. Shoppen. Ergänzen Sie.

1 ● Die lang___ [1] Kleider in dieser Saison sind wirklich schön.
● Ach, ich weiß nicht, ich mag keine lang___ [2] Kleider. Lang___ [3] Kleider sind so unpraktisch.

2 ● Ich brauche dringend neu___ [4] Schuhe. Meine alt___ [5] Schuhe gefallen mir nicht mehr. Und mit meinen bunt___ [6] Sneakers kann ich nicht ins Konzert gehen.
● Wie findest du die hellgrün___ [7] Lederschuhe dort rechts?
● Es geht. Ich möchte eigentlich keine hell___ [8] Schuhe. Ich habe schon weiß___ [9] und grau___ [10] Schuhe, jetzt möchte ich schwarz___ [11] oder dunkelblau___ [12] Schuhe. Die passen besser zu meinen elegant___ [13] Kleidern und Hosen, die ich meist im Theater trage.

## 4 Einkaufsgespräche. Ergänzen Sie die Endung, wenn nötig.

● Wie findest du den blau___ Rock und die grün___ Bluse?
● Ich finde die Kombination zu bunt___. Der blau___ Rock passt nicht zur grün___ Bluse. Ich würde die blau-weiß___ Bluse zum blau___ Rock nehmen.
● Ja, stimmt, das sieht sehr elegant___ aus.

## 5 Urlaub an der Nordsee.

### a) Ergänzen Sie die Endungen.

### Erlebnisreich___ Urlaub an der Ostsee

Die bekannt___ Ostseeinsel Rügen bietet alles für entspannt___ Ferien am Meer. Die beeindruckend___ Natur und das gesund___ Seeklima tragen dazu bei, dass aus Ihrem Urlaub ein gelungen___ Ferienerlebnis wird.

Auf der Insel finden Sie traumhaft___ Strände, die berühmt___ Kreidefelsen und geschichtlich interessant___ Städte wie Sassnitz und Binz.

An viele___ verschieden___ Orten auf der ganz___ Insel können Sie passend___ Fahrräder für Kinder, Jugendlich___ und Erwachsen___ mieten und auf gemütlich___ Tagestouren die vielfältig___ Landschaft erkunden.

Für telefonisch___ Anfragen wenden Sie sich bitte an Herrn Schulte.

**b) Urlaub in den Bergen. Ergänzen Sie die Endungen.**

## Urlaub in einem traumhaft____ Panorama

Das größt____ Gebirge Europas bietet gut ausgebaut____ Wanderwege für Familien ebenso wie interessant____, herausfordernd____ Klettertouren für sportlich____ Menschen. Ein besonder____ Erlebnis ist ein Urlaub in einer typisch____ Hütte in den Alpen. Unsere traditionell____ Hütten liegen ruhig____ und sonnig____ auf einer Höhe von 1700 Metern. Genießen Sie den atemberaubend____ Blick auf die umliegend____ Gipfel und verbringen Sie erholsam____ Tage fern von der Hektik der groß____ Städte.

## 6 ADJEKTIVE ALS NOMEN FÜR PERSONEN

**a) Singular oder Plural? Kreuzen Sie an. Zweimal gibt es zwei Möglichkeiten.**

| | | Singular | Plural | | | Singular | Plural |
|---|---|---|---|---|---|---|---|
| 1 | dem Jugendlichen | ☐ | ☐ | 4 | die Jugendlichen | ☐ | ☐ |
| 2 | der Jugendlichen | ☐ | ☐ | 5 | den Jugendlichen | ☐ | ☐ |
| 3 | der Jugendliche | ☐ | ☐ | 6 | des Jugendlichen | ☐ | ☐ |

**b) Ergänzen Sie die Endungen.**

| **Maskulin Singular:** | **Plural:** |
|---|---|
| 1 der nett____ Jugendlich____ | 5 alt____ Bekannt____ |
| 2 ohne den nett____ Jugendlich____ | 6 die alt____ Bekannt____ |
| 3 mit dem nett____ Jugendlich____ | 7 für alt____ Bekannt____ |
| 4 ein nett____ Jugendlich____ | 8 zu alt____ Bekannt____ |

**c) Work-Life-Balance. Adjektive als Nomen für Personen. Ergänzen Sie die Endungen.**

Berufstätig____[1] haben oft wenig Zeit, einkaufen zu gehen und zu kochen. Angestellt____[2] haben meist feste Arbeitszeiten, was Vor- und Nachteile hat. Die Angestellt____[3] beneiden oft die Selbstständig____[4], weil die sich die Zeit freier einteilen können. Aber Selbstständig____[5] stehen auch oft unter Druck und müssen ihre Projekte termingerecht abschließen. Deshalb müssen Selbstständig____[6] auch oft am Wochenende arbeiten. Für Jugendlich____[7] und junge Erwachsen____[8] ist es besonders wichtig, dass sie am Wochenende Freizeit haben, damit sie sich mit Gleichaltrig____[9] treffen und Party machen können.

## 7 ADJEKTIVE ALS NEUTRALE NOMEN. Ergänzen Sie die Endungen.

1 ● Hast du ein Geschenk für Julie gekauft? Hast du etwas Passend____ gefunden?
● Ja, nichts Teur____, aber etwas sehr Besonder____: Ohrringe aus Papier.
● Ich finde, das Teuerst____ muss nicht das Best____ sein. Lieber etwas Interessant____.

2 ● Mir ist gestern etwas Dumm____ passiert. Ich habe meinen Autoschlüssel im Büro liegenlassen.
● Das ist doch nichts Neu____. Du vergisst doch dauernd etwas.

3 ● Du bist immer so negativ. Du musst auch das Positiv____ sehen!
● Du hast schon recht, aber manchmal gibt es wirklich nichts Positiv____.

# 13 Komparation und *je ... desto*

➡ Kapitel 42, 43 und 81 in Grammatik aktiv A1–B1

## 1 VERGLEICHEN

### a) Ergänzen Sie die Adjektive im Komparativ.

bequemer • älter • größer • länger • schneller • kleiner

1 Shanghai ist ______________ als Frankfurt.

2 Ein Fahrradfahrer ist ______________ als ein Fußgänger.

3 Der Nil ist ______________ als der Rhein.

4 Ein Sessel ist ______________ als ein Stuhl.

5 Ein Haus ist ______________ als ein Schloss.

6 Studierende sind ______________ als Schülerinnen und Schüler.

### b) Ergänzen Sie die Regel für den Komparativ.

Im Komparativ hat das Adjektiv immer die Endung: _____. Manchmal hat das Adjektiv im Komparativ einen Umlaut.

### c) Bilden Sie den Komparativ und Superlativ und sortieren Sie die Formen in die Tabelle.

~~dunkel~~ • ~~klein~~ • gesund • warm • kalt • heiß • schön • stark • schwach • lang • kurz • hell • flexibel • ruhig • weit • gefährlich • schwierig • schnell • aktiv • wenig • alt • jung • locker • teuer • trocken • wichtig • laut

Einsilbige, deutschstämmige Adjektive haben oft einen Umlaut, Fremdwörter nie.

Bei Adjektiven mit der Endung *-er* und *-el* entfällt das *-e-* im Komparativ: *teuer – teuerer, dunkel – dunkeler*

| *-er* | *-er* + Umlaut | *-er* + ein *-e-* entfällt |
|---|---|---|
| *klein – kleiner – am kleinsten* | | *dunkel – dunkler – am dunkelsten* |

## 2 BESONDERE FORMEN

### a) Bilden Sie den Komparativ und Superlativ.

1 viel ______________ ______________

2 gern ______________ ______________

3 gut ______________ ______________

4 nah ______________ ______________

5 hoch ______________ ______________

6 groß ______________ ______________

**b) Ergänzen Sie Adjektive im Komparativ aus 2a.**

1 Die meisten Touristen fahren ______________ in die großen Städte als in Kleinstädte oder kleine Dörfer.

2 Der Bahnhof liegt meist ________________ am Stadtzentrum als der Flughafen.

3 Der Service in den Hotels ist häufig auf dem Land ______________ als in den großen Städten.

4 Aber in den Großstädten gibt es natürlich ______________ kulturelle Angebote.

5 Man muss auch damit rechnen, dass die Preise in den Restaurants ______________ sind.

## 3 Situationen und Dinge vergleichen. Ergänzen Sie die Adjektive im Komparativ.

1 Obst und Gemüse ist ______________________ *(gesund)* als Zucker und andere Süßigkeiten.

2 Arbeiten ist meistens ______________________ *(anstrengend)* als Urlaub machen.

3 Eine Trompete ist ______________________ *(laut)* als eine Flöte.

4 Ein Flug zum Mond dauert *(lang)* ______________________ als ein Flug um die Erde.

5 In Deutschland ist es im Winter ______________________ *(dunkel)* als im Sommer.

6 Ein Wochenende ist leider ______________________ *(kurz)* als eine Arbeitswoche.

## 4 Arbeitssuche. Schreiben Sie die Adjektive im Komparativ und ergänzen Sie – wenn nötig – die Adjektivendung.

*mehr* und *weniger* haben keine Adjektivendung.

1 In den Metropolregionen gibt es meist _________ *(viel)* und _________ *(gut)* Jobangebote als in kleinen Dörfern und Kleinstädten.

2 In Großstädten ist es _________ *(leicht)*, eine Stelle zu finden und man verdient meistens _________ *(viel)*.

3 Leider sind die Wohnungen in Großstädten ___________ *(teuer)* als auf dem Land.

4 In den Großstädten gibt es ein _________ *(groß)* kulturelles Angebot, in kleinen Städten gibt es _________ *(wenig)* Möglichkeiten abends auszugehen.

5 Oft kann man aber nur außerhalb der Stadt eine Wohnung finden und hat einen _________ *(lang)* Weg zur Arbeit als in kleinen Städten.

6 Viele Leute aus kleinen Städten würden _________ *(gern)* in ihrer Stadt bleiben, müssen aber wegen der Arbeit in Großstädte umziehen.

## 5 *WIE* ODER *ALS*. Ernährungsvarianten. Ergänzen Sie.

1 Immer mehr Menschen in Deutschland denken, dass vegetarisches Essen besser ist _______ traditionelles Essen mit viel Fleisch.

2 Früher dachte man, dass Sportlerinnen und Sportler mehr Fleisch und Milchprodukte essen müssen _______ der Durchschnitt.

3 Mittlerweile haben Sportlerinnen und Sportler, die sich vegan ernähren, gezeigt, dass sie auch ohne tierisches Eiweiß genauso gute Leistungen erbringen können _______ Sporttreibende mit traditioneller Ernährung.

4 Die Küche in Deutschland ist heute vielfältiger _______ früher.

5 In meiner Stadt gibt es zwar genauso viele Restaurants _______ früher, aber sie sind unterschiedlicher.

6 In vielen Restaurants gibt es ein größeres Angebot an vegetarischen Gerichten _______ früher.

## 6 … *ALS* ODER *(GENAU)SO* … *WIE?* Komparativ oder Grundform? Schreiben Sie die Sätze.

1 in guten Wohnvierteln *(ruhig)* – im Stadtzentrum *(nicht ruhig)*.

*In guten Wohnvierteln ist es ruhiger als im Stadtzentrum.*

2 an viel befahrenen Autobahnen *(laut)* – an viel befahrenen Bahngleisen *(laut)*

*An viel befahrenen Autobahnen ist es genauso laut wie an viel befahrenen Bahngleisen.*

3 die Wohnungsmiete in Großstädten *(hoch)* – die Wohnungsmiete auf dem Land *(nicht hoch)*

________________________________________

4 eine Spinne *(nicht groß)* – ein Tiger *(groß)*

________________________________________

5 eine giftige Spinne *(gefährlich)* – ein Tiger *(gefährlich)*

________________________________________

6 eine Tulpe *(schön)* – eine Rose *(schön)*

________________________________________

7 der Mond *(nah)* – der Mars *(nicht nah)*

________________________________________

## 7 KOMPARATIV ODER SUPERLATIV? Ergänzen Sie die Sätze.

1 **groß/klein:** Köln *(1,1 Mio. Einwohner)* ist *kleiner* als München *(1,45 Mio. Einwohner)*. Berlin *(3,6 Mio. Einwohner)* ist *größer* als München. Berlin ist *am größten*. Berlin ist *die größte* deutsche Stadt.

2 **lang/kurz:** Die Fahrt von Berlin nach Hamburg *(288 km)* ist __________ als die Fahrt von Berlin nach Frankfurt *(551 km)*. Die Fahrt von Berlin nach München *(584 km)* ist __________ als die Fahrt von Berlin nach Frankfurt. Die Fahrt von Berlin nach München ist ______________.
Es ist ______________ Fahrt.

3 **viel/wenig:** Meine Freundin gibt __________ Geld für Kleider *(100 €)* als für Schuhe aus *(300 €)*. Sie gibt __________ Geld für Schmuck *(500 €)* als für Schuhe aus. Sie gibt ____________ für Schmuck aus. Sie gibt __________ Geld für Schmuck aus.

## 8 *AM* + SUPERLATIV ODER ARTIKEL + SUPERLATIV. Klima in Deutschland. Ergänzen Sie die Sätze.

1 In der Region um Freiburg regnet es _____ ______________ *(wenig)* von allen Regionen in Deutschland und dort gibt es auch meistens _____ ______________ *(warm)* Sommer.

2 Im Hochgebirge sind die Sommer _____ ______________ *(kurz)* und die Winter _____ ______________ *(kalt)*.

3 Auf den Nordseeinseln gibt es _____ ______________ *(stark)* Stürme.

4 An den großen Flüssen gibt es häufig Hochwasser. _____ ______________ *(hoch)* Hochwasser in Köln war im Jahr 1995 (10,69 Meter über Normal)

5 Im Sommer 2018 hat es im Vergleich zu den Vorjahren _____ ______________ *(wenig)* geregnet.

6 2023 war _____ ______________ *(heiß)* Sommer seit 1881.

**9 Länderrätsel. Streichen Sie die falsche Form (*als* oder *wie*) und ergänzen Sie die Adjektive in der Grundform oder im Komparativ.**

In meinem Heimatland sind Wetter und Klima ganz anders *als/wie* [1] in Deutschland. Während es in Deutschland im Sommer ___________ [2] *(warm)* ist *als/wie* [3] im Winter, kann man das für mein Land nicht sagen. Man kann sagen, dass es im Sommer nicht so ________ [4] *(kalt)* ist *als/wie* [5] im Winter. Auch beim Sonnenlicht gibt es große Unterschiede. In Deutschland ist es im Sommer nicht so ________ [6] *(hell) als/wie* [7] bei uns, aber im Winter ist es bei uns viel ___________ [8] *(dunkel) als/wie* [9] in Deutschland. Im Sommer haben wir genauso _________ [10] *(viel)* Schnee *als/wie* [11] in Deutschland in den Bergen im Winter.
Das ganze Jahr haben wir eine _______ [12] *(hoch)* Eisdecke *als/wie* [13] in Deutschland in den Alpen. Die Eisdecke hat _________ [14] *(viel) als/wie* [15] 1000 Meter. Es gibt also nur Unterschiede. Aber ich kann sagen, dass wir unser Land genauso _________ [16] *(gern)* mögen *als/wie* [17] die Deutschen ihr Heimatland.

**Welches Land ist es?** ☐ Ägypten ☐ Brasilien ☐ Grönland

**10 Lebensweisheiten**

**a) Schreiben Sie die Adjektive im Komparativ.**

| | | | |
|---|---|---|---|
| 1 | Je ___________ *(groß)* die Liebe, | A | A desto ___________ *(hoch)* sind die Ansprüche. |
| 2 | Je ___________ *(heiß)* der Sommer, | B | desto ___________ *(schmerzlich)* die Trennung. |
| 3 | Je ___________ *(viel)* man verdient, | C | desto ___________ *(gern)* geht man zur Arbeit. |
| 4 | Je _______________ *(interessant)* eine Stadt ist, | D | desto ___________ *(hoch)* ist der Profit von Eiscafés. |
| 5 | Je ___________ *(gut)* das Arbeitsklima ist, | E | desto ___________ *(teuer)* sind die Wohnungen. |

**b) Was passt zusammen? Ordnen Sie zu und lesen Sie die Sätze laut.**

**11 *JE ... DESTO*. Tipps für die Arbeitszufriedenheit. Schreiben Sie Sätze.**

1 man · wenig jammern / die Arbeit viel · Spaß machen

*Je mehr Spaß die Arbeit macht, desto weniger jammert man.*

2 viel Spaß · man · bei der Arbeit · haben / einem die Arbeit · leichtfallen

_______________________________________________

3 man · viel Interesse an der Arbeit · zeigen / der Chef oder die Chefin · zufrieden · sein

_______________________________________________

4 die Mitarbeitenden · zufrieden · sein / der Betrieb · erfolgreich arbeiten

_______________________________________________

5 man · locker · bleiben / gut · mit Kolleginnen und Kollegen · klarkommen · man

_______________________________________________

6 positiv · über die Kolleginnen und Kollegen · man · sprechen / das Arbeitsklima · angenehm · sein

_______________________________________________

7 man · häufig · lachen / man · entspannt · arbeiten können

_______________________________________________

**12** **Das Klima am Arbeitsplatz. Ergänzen Sie die Adjektive in der richtigen Form (Grundform, Komparativ, Superlativ). Achten Sie auch auf die Endungen.**

**Ihre Meinung: Zufriedenheit am Arbeitsplatz – Was ist wichtig?**

lunija5

Ich habe letzten Monat meinen Arbeitsplatz gewechselt, weil ich mit der Situation in meiner alten Firma immer ____________ [1] *(unglücklich)* geworden bin. Am Anfang war ich ____________ [2] *(zufrieden)*, denn die Chefin war ____________ [3] *(angenehm)* und die Kolleginnen und Kollegen waren ____________ [4] *(nett)*. Ich habe dort ____________ [5] *(gern)* gearbeitet als in den anderen Kliniken vorher.
Bis vor Kurzem war es das ____________ [6] *(gut)* Arbeitsklima, das ich erlebt habe.
Aber dann hat die Chefin gewechselt. Die ____________ [7] *(neu)* Chefin hat leider das ____________ [8] *(gut)* Arbeitsklima zerstört. Sie ist nicht so ____________ [9] *(kompetent)* wie die ____________ [10] *(alt)* Chefin.

Die ____________ [11] *(alt)* Chefin hatte viel ____________ [12] *(viel)* Erfahrung und konnte viel ____________ [13] *(gut)* mit Menschen umgehen. Meine Kolleginnen und Kollegen und ich wurden immer ____________ [14] *(unzufrieden)* und hatten immer ____________ [15] *(wenig)* Spaß an der Arbeit. Es gab viele ____________ [16] *(ungerecht)* Entscheidungen.

Die ____________ [17] *(unangenehm)* Situation war, als die Chefin eine Mitarbeiterin in einer Teamsitzung ____________ [18] *(ungerecht)* kritisierte und beschimpfte.
Danach haben erst eine und dann immer ____________ [19] *(viel)* Mitarbeiterinnen und Mitarbeiter gekündigt und sich eine ____________ [20] *(gut)* Stelle gesucht. Ich habe mich erst nicht getraut, weil ich etwas ____________ [21] *(alt)* bin als die anderen und je ____________ [22] *(alt)* man ist, desto ____________ [23] *(schwierig)* ist es, eine ____________ [24] *(gut)* ____________ [25] *(neu)* Stelle zu finden. Aber dann wurde es immer ____________ [26] *(unerträglich)* und ich habe mich woanders beworben.

Jetzt habe ich zwar einen ____________ [27] *(lang)* Arbeitsweg als vorher, aber ich bin wieder ____________ [28] *(zufrieden)*. Ein ____________ [29] *(gut)* Arbeitsklima ist für mich ____________ [30] *(wichtig)*, ____________ [31] *(wichtig)* als der Arbeitsweg und das Gehalt.

# Partnerseite 4

## ➡ Kapitel 12–13

Partner/-in A

**Arbeiten Sie zu zweit. Partner/-in A arbeitet auf dieser Seite, Partner/-in B arbeitet auf Seite 54.**
**Lesen Sie zuerst den Blogeintrag. Lesen Sie dann abwechselnd die Antwort auf diesen Blogeintrag.**
**Partner/-in A liest den ersten Satz in Orange und ergänzt das Adjektiv in der korrekten Form. Partner/-in B hat den richtigen Satz und kontrolliert.**
**Den nächsten Satz liest und ergänzt Partner/-in B und Partner/-in A kontrolliert mit dem Satz in Grau.**
**Die Korrekturen sind fett gedruckt.**

Ich finde, es sollte keine Vorschriften für die Kleidung geben. Kleidung ist Ausdruck der Persönlichkeit. Ich habe immer eine genaue Vorstellung davon, wie ich mich kleiden möchte. Deshalb investiere ich viel Zeit und Geld, um mir die passenden Sachen zu kaufen und mich interessant zu kleiden. Ich fände es ganz schrecklich, wenn ich mich nicht so kleiden könnte, wie es mir gefällt.

1 Natürlich ist die Kleidung ein Ausdruck der ... *(eigen)* Persönlichkeit, aber es gibt viele Einschränkungen, die man beachten muss.

2 Ich finde es selbstverständlich, dass man **gepflegt** und gut **gekleidet** zur Arbeit geht.

3 Was das genau bedeutet, ist natürlich von Branche zu Branche und von Unternehmen zu Unternehmen .... *(unterschiedlich)*

4 Wenn man zum Beispiel im Verkauf arbeitet, muss man meist **formellere** Kleidung tragen als in **anderen** Bereichen.

5 Auch die Position im Unternehmen spielt eine Rolle: Je ... *(hoch)* die berufliche Stellung, desto ... *(formell)* ist meist die Kleidung.

6 Wenn man an einen **neuen** Arbeitsplatz kommt, ist es am **besten**, wenn man sich an Kollegen in der **gleichen** Position orientiert.

7 Auch im ... *(privat)* Bereich kann man sich nicht beliebig kleiden, ohne ... *(unangenehm)* aufzufallen.

8 In der Oper oder im Theater sind **alte** Jogginghosen oder ein **ausgeleiertes** T-Shirt nicht **angemessen**.

9 Auf dem Fußballplatz dagegen fällt man mit einem ... *(fein)* Anzug, ... *(elegant)* Schuhen und einer ... *(formell)* Krawatte auf.

10 Und wenn man als Frau zum Beispiel zu einer Hochzeit eingeladen ist und man trägt ein sehr **schönes**, **weißes** Kleid,

11 dann macht man der Braut Konkurrenz, was als sehr ... *(unhöflich)* gilt.

12 Mein Fazit ist: Natürlich ist die Kleidung eine sehr **persönliche** Entscheidung und es gibt in den meisten Fällen keine **offiziellen** Vorschriften, welche Kleidung man tragen darf.

13 Aber es gibt ... *(ungeschrieben)* Gesetze, die man beachten muss, wenn man ... *(erfolgreich)* durch das Leben kommen möchte.

14 Je **besser** man die Situation kennt, desto **passender** kann man sich kleiden.

# Partnerseite 4

## ➡ Kapitel 12–13

Partner/-in B

**Arbeiten Sie zu zweit. Partner/-in B arbeitet auf dieser Seite, Partner/-in A arbeitet auf Seite 53. Lesen Sie zuerst den Blogeintrag. Lesen Sie dann abwechselnd die Antwort auf diesen Blogeintrag. Partner/-in A liest den ersten Satz und ergänzt das Adjektiv in der korrekten Form. Partner/-in B hat den richtigen Satz in Grau und kontrolliert.**
**Den nächsten Satz in Türkis liest und ergänzt Partner/-in B und Partner/-in A kontrolliert.**
**Die Korrekturen sind fett gedruckt.**

Ich finde, es sollte keine Vorschriften für die Kleidung geben. Kleidung ist Ausdruck der Persönlichkeit. Ich habe immer eine genaue Vorstellung davon, wie ich mich kleiden möchte. Deshalb investiere ich viel Zeit und Geld, um mir die passenden Sachen zu kaufen und mich interessant zu kleiden. Ich fände es ganz schrecklich, wenn ich mich nicht so kleiden könnte, wie es mir gefällt.

1 Natürlich ist die Kleidung ein Ausdruck der **eigenen** Persönlichkeit, aber es gibt viele Einschränkungen, die man beachten muss.

2 Ich finde es selbstverständlich, dass man ... *(gepflegt)* und gut ... *(gekleidet)* zur Arbeit geht.

3 Was das genau bedeutet, ist natürlich von Branche zu Branche und von Unternehmen zu Unternehmen **unterschiedlich**.

4 Wenn man zum Beispiel im Verkauf arbeitet, muss man meist ... *(formell)* Kleidung tragen als in ... *(ander-)* Bereichen.

5 Auch die Position im Unternehmen spielt eine Rolle: Je **höher** die berufliche Stellung, desto **formeller** ist meist die Kleidung.

6 Wenn man an einen ... *(neu)* Arbeitsplatz kommt, ist es am ... *(gut)*, wenn man sich an Kollegen in der ... *(gleich)* Position orientiert.

7 Auch im **privaten** Bereich kann man sich nicht beliebig kleiden, ohne **unangenehm** aufzufallen.

8 In der Oper oder im Theater sind ... *(alt)* Jogginghosen oder ein ... *(ausgeleiert)* T-Shirt nicht ... *(angemessen)*.

9 Auf dem Fußballplatz dagegen fällt man mit einem **feinen** Anzug, **eleganten** Schuhen und einer **formellen** Krawatte auf.

10 Und wenn man als Frau zum Beispiel zu einer Hochzeit eingeladen ist und man trägt ein sehr ... *(schön)*, ... *(weiß)* Kleid,

11 dann macht man der Braut Konkurrenz, was als sehr **unhöflich** gilt.

12 Mein Fazit ist: Natürlich ist die Kleidung eine sehr ... *(persönlich)* Entscheidung und es gibt in den meisten Fällen keine ...*(offiziell)* Vorschriften, welche Kleidung man tragen darf.

13 Aber es gibt **ungeschriebene** Gesetze, die man beachten muss, wenn man **erfolgreich** durch das Leben kommen möchte.

14 Je ... *(gut)* man die Situation kennt, desto ... *(passend)* kann man sich kleiden.

# Temporale und finale Nebensätze

## ➡ Kapitel 77, 78 und 79 in *Grammatik aktiv A1 – B1*

14

### 1 *WENN* ODER *ALS*. ROUTINEN UND EINMALIGE EREIGNISSE. Ergänzen Sie.

1a ________ ich um fünf Uhr aufstehe, muss ich abends spätestens um zehn Uhr schlafen.

1b ________ ich letzte Woche spät nach Hause gekommen bin, konnte ich erst nicht einschlafen.

2a ________ ich nicht frühstücke, werde ich nicht richtig wach.

2b ________ ich letzte Woche ohne Frühstück aus dem Haus gegangen bin, hätte ich fast einen Unfall gebaut.

2c ________ ich als Kind ohne Frühstück zur Schule gehen wollte, hat meine Mutter immer geschimpft.

3a ________ er morgens in sein Büro kommt, macht er sich immer erst mal einen Kaffee.

3b ________ er am Dienstag in sein Büro kam, wartete schon sein Chef auf ihn.

4a ________ sie von der Arbeit nach Hause kommt, ist sie meistens sehr müde.

4b ________ sie früher von der Arbeit nach Hause kam, musste sie noch einkaufen und kochen.

4c ________ sie jetzt nach Hause kommt, hat ihre Partnerin schon ein Essen vorbereitet.

### 2 Tanzen – mein Traum. Streichen Sie die falsche Konjunktion.

Bei Altersangaben benutzt man *als*: *als ich ein Kind war, als ich 16 Jahre alt war ...*

*Als/Wenn*[1] ich ein Kind war, wollte ich Tänzerin werden. Immer *als/wenn*[2] ich in Tanzvideos berühmte Tänzer sah, stellte ich mir vor, wie es wäre, *als/wenn*[3] ich so wie sie tanzen könnte. Ich ging natürlich zu einer Ballettschule und immer *als/wenn*[4] ich ein paar freie Minuten hatte, übte ich die Schritte und Positionen. *Als/Wenn*[5] ich 12 Jahre alt war, durfte ich in der Aufführung unserer Ballettschule eine Solorolle übernehmen. Auch meine Eltern waren sehr stolz, *als/wenn*[6] ich ihnen davon erzählte. *Als/Wenn*[7] ich schließlich auf der Bühne stand, war ich zwar erst nervös, aber schon nach wenigen Minuten war meine Nervosität verflogen. Ich habe mich schon immer wohlgefühlt, *als/wenn*[8] alle Augen auf mich gerichtet waren. Leider ist alles anders gekommen, als ich es mir gewünscht hatte, und ich bin jetzt Buchhalterin. Aber *als/wenn*[9] ich letzte Woche Zeit hatte, bin ich zum ersten Mal seit langer Zeit wieder ins Theater gegangen und habe dort eine fantastische Tänzerin gesehen. *Als/Wenn*[10] ich genauer hingeschaut habe, habe ich gesehen, dass es meine Freundin aus der Ballettschule war. Vielleicht, *als/wenn*[11] ich weiter geübt hätte, *als/wenn*[12] ich nicht Karl kennengelernt hätte, *als/wenn*[13] ich mich getraut hätte ...
Aber ich bin auch zufrieden mit meinem Leben und ich werde in nächster Zeit, *als/wenn*[14] ich Zeit habe, öfter als Zuschauerin ins Theater gehen. Vielleicht treffe ich mich auch mit meiner damaligen Freundin. *Als/Wenn*[15] wir von unserem Leben erzählen, können wir vergleichen und überlegen, ob wir die richtige Entscheidung getroffen haben.

*wenn*: – temporal (Routine)
– konditional

### 3 Korrigieren Sie die Sätze. In jedem Satz ist ein Fehler (Konjunktion oder Position des Verbs).

1 Wenn ihre Tochter geboren wurde, waren die Eltern sehr glücklich.
2 Wenn das Kind nachts schrie, sie wurden nicht ungeduldig.
3 Sie machten viele Fotos und schickten sie ihren Freunden und Verwandten, wenn das Baby mit sechs Wochen anfing zu lächeln.
4 Jedes Mal wenn lächelte das Baby, waren alle begeistert von dem bezaubernden Lächeln.
5 Aber auch wenn es schrie, alle fanden das Baby süß.
6 Wenn das Baby sieben Monate alt wurde, lächelte es nur noch für seine Eltern und besonders gute Bekannte.

## 4 Ergänzen Sie die Verben in der richtigen Zeitform.

1 Nachdem ich eine Panne __________ __________ *(haben)*, musste ich das Auto in die Werkstatt bringen.

2 Nachdem das Auto repariert ist, __________ *(müssen)* ich nicht mehr mit dem Bus zur Arbeit fahren.

3 Er kommt heute Abend, nachdem er seine Arbeiten __________ __________ *(erledigen)*.

4 Nachdem er aus dem Urlaub zurückgekommen war, __________ *(müssen)* er 350 Mails beantworten.

5 Nachdem sie die Stelle __________ __________ *(wechseln)*, war ihr Arbeitsweg viel länger.

## 5 Biografisches. Wählen Sie eine Konjunktion aus dem Schüttelkasten und schreiben Sie Sätze.

| während (2) • nachdem (2x) • bevor • seit (dem) |
|---|

1 ich die Schule besucht haben / ich · an dem Programm „Schüler helfen Schülern" · aktiv teilgenommen haben *(2 parallele Aktivitäten)* Während ich die Schule besucht habe, habe ich an dem Programm „Schüler helfen Schülern" aktiv teilgenommen.

2 ich · die Schule · mit dem mittleren Schulabschluss · beendet haben *(Aktivität 1)* / ich · Praktika in verschiedenen Branchen – gemacht haben *(Aktivität 2)* __________

3 ich · mich für eine Richtung · entscheiden müssen *(Aktivität 2)* / ich · verschiedene Arbeitsbereiche · kennenlernen wollen *(Aktivität 1)* __________

4 ich · ein Praktikum in einer IT-Abteilung · gemacht haben *(Aktivität 1)* / ich · von der Arbeit mit Computern begeistert sein und mich um eine Ausbildungsstelle beworben haben *(Aktivität 2)*. __________

5 ich · in der Firma meine Ausbildung gemacht habe / habe ich schon ein Gehalt bekommen, von dem ich leben konnte *(parallele Aktivitäten)* __________

6 ich · die Ausbildung · abgeschlossen haben / ich · eine interessante Position in der Firma · haben *(Beginn in der Vergangenheit, dauert heute noch an)* __________

## 6 *UM ... ZU.* Formulieren Sie die Sätze mit *um ... zu*.

1 Ich fahre immer schon sehr früh zur Arbeit, damit ich den Berufsverkehr vermeide.

__________

2 Damit sie fit bleibt, läuft sie über die Treppe zum Büro im 4. Stock.

__________

3 Der Chef macht jede Woche ein Meeting, damit er über die Arbeit im Projekt informiert ist.

__________

4 Er beendet seine Arbeit immer um 16.30 Uhr, damit er die Kinder aus der Kita abholen kann.

__________

## 7 *UM ... ZU* ODER *DAMIT*. Schreiben Sie Sätze. Verwenden Sie, immer wenn es möglich ist, *um ... zu*.

1 man · sich weiterbilden müssen / man · bessere Chancen im Job haben

______________________________

2 sie · mit Kopfhörer · Musik hören / die Kolleginnen und Kollegen · sich nicht beschweren

______________________________

3 ich · im Team · Geld eingesammelt haben / wir · einer Kollegin · ein Geburtstagsgeschenk · kaufen können

______________________________

4 die Firma · jedes Jahr · eine Betriebsfeier · veranstalten / die Mitarbeiter und Mitarbeiterinnen · sich besser kennenlernen

______________________________

5 Selbstständige · eine private Versicherung · abschließen müssen / Selbstständige · im Alter · eine Rente bekommen

______________________________

## 8 GRUND ODER ZIEL? *WARUM* ODER *WOZU*? Ergänzen Sie die passende Konjunktion: *weil* oder *damit*?

1 Hat der Kopierer einen Papierstau? Dann öffnen Sie den Kopierer, ________ Sie das Papier entnehmen können.
2 Es tut mir leid, Sie können nicht kopieren, ________ der Kopierer nicht in Ordnung ist.
3 Können Sie diese Arbeit für mich erledigen, ________ ich heute etwas früher nach Hause gehen kann?
4 Ich kann diese Arbeit nicht mehr fertig machen, ________ ich heute unbedingt um 18 Uhr zu Hause sein muss.
5 Bittel helfen Sie dem neuen Kollegen, ________ er sich hier im Büro noch nicht gut auskennt.
6 Bitte helfen Sie dem neuen Kollegen, ________ er sich schneller einarbeiten kann.

## 9 Eine Bestellung mit Problemen. Ergänzen Sie die passende Konjunktion.

| bevor • damit • damit • nachdem • seit • während • weil • weil • wenn |
|---|

__________[1] ich mir einen neuen Esszimmertisch gekauft habe, habe ich nur noch Probleme. __________[2] ich mich zu dem Kauf entschlossen habe, habe ich lange in Geschäften und im Internet gesucht und viele Angebote miteinander verglichen. __________[3] der Tisch geliefert worden war, wollte ich ihn aufbauen. Aber es war unmöglich, __________[4] die Schrauben fehlten. Ich habe sofort bei der Firma angerufen, __________[5] sie mir die fehlenden Schrauben schnell liefern. Sie haben es versprochen, aber ...
__________[6] ich auf die Schrauben wartete, mussten wir auf dem Boden essen, __________[7] wir unseren alten Esstisch schon verschenkt hatten.
__________[8] der Esstisch endlich fertig aufgebaut ist, bestelle ich ein besonders leckeres Essen, __________[9] wir unseren Erfolg feiern können.

# 15 Satzverbindungen

## ➡ Kapitel 44, 45, 46 und 72 in *Grammatik aktiv A1–B1*

### 1 NEBENSATZ- UND HAUPTSATZKONNEKTOREN

**a) Sortieren Sie die Konnektoren in die Tabelle.**

wenn • denn • und • dass • oder • dann • danach • aber • sonst • weil • obwohl • ob • deshalb

| **Nebensatzkonnektor** | **Hauptsatzkonnektor** Der Konnektor steht meistens auf **Position 1** | **Hauptsatzkonnektor** Der Konnektor steht auf **Position 0** |
|---|---|---|
| | | |

**b) Mittagspause. Ergänzen Sie die Sätze mit den Wörtern in Klammern.**

1 Es ist interessant, dass ______________________________
*(ihre Mittagspause · sehr unterschiedlich · Angestellte · verbringen)*

2 Es spielt natürlich eine Rolle, ob ______________________________
*(ist · gut oder schlecht · das Wetter)*

3 Viele verlassen in der Mittagspause auf jeden Fall das Gebäude, denn ______________
______________ *(sich · unbedingt bewegen · sie · wollen)*

4 Bewegung ist natürlich gut, aber ______________________________
*(bleibt · nicht mehr viel Zeit zum Essen · es · dann)*

5 Ich möchte mittags etwas Warmes essen, deshalb ______________________________
*(in die Kantine · meistens · gehe · ich)*

6 Das Essen in der Kantine ist lecker und gesund, aber ______________________________
*(es · meistens · nicht ganz billig · ist)*

7 Einige Kollegen bringen sich Essen von zu Hause mit, wenn ______________________________
*(Reste vom Vortag · haben · sie)*

8 Ein gutes warmes Mittagessen ist gesund, danach ______________________________.
*(man · ist · oft · sehr müde)*

9 Auf jeden Fall sollte man mittags etwas essen, sonst ______________________________
*(am Nachmittag · nicht gut · man · arbeiten · kann)*

### 2 Korrigieren Sie die Sätze. In jedem Satz ist ein Fehler (Position des Verbs und des Subjekts).

1 Ich finde es schön, wenn zum Geburtstag ich viele Glückwunschkarten bekomme.
2 Immer wenn ich in England Urlaub habe gemacht, war ich von den vielen Geschäften mit Karten fasziniert.
3 Dass man schreibt einen schönen Text auf die Karte, ist natürlich wichtig.
4 Aber noch wichtiger ist vielleicht, dass schön oder lustig das Bild ist.
5 Viele Mitarbeiter freuen sich darüber, wenn die Firma schickt ihnen eine Geburtstagskarte.
6 Leider gratulieren heute viele nur noch elektronisch, weil es schneller geht und ist bequemer.

## 3 Nach der Präsentation. Bilden Sie indirekte Fragesätze.

1 Können wir jetzt Fragen stellen? Dürfte ich wissen, ______

2 Woher haben Sie Ihre Informationen? Es würde mich interessieren, ______

3 Wann wurde die Statistik erstellt? Wissen Sie vielleicht, ______

4 Ist die Situation in Ihrer Heimat ähnlich? Es würde mich interessieren, ______

5 Seit wann beschäftigen Sie sich mit dem Thema? Darf ich fragen, ______

6 Haben Sie diese exzellente Präsentation schon öfter gehalten? Würden Sie mir sagen, ______

## 4 *WENN* ODER *OB*. Vor der Präsentation. Markieren Sie den korrekten Konnektor.

Ich bin oft nervös, *ob/wenn*[1] ich vor fremden Menschen sprechen muss. Ich frage mich dann, *ob/wenn*[2] ich genug vorbereitet bin. Der schlimmste Moment ist der, *ob/wenn*[3] ich vor die Menschen trete. Ich frage mich dann immer, *ob/wenn*[4] ich gleich rot werde. Früher habe ich mich gefragt, *ob/wenn*[5] ich mich jemals an diese Situation gewöhnen kann. Meistens geht es mir besser, *ob/wenn*[6] ich erst einmal angefangen habe zu sprechen. Aber ich bin doch immer froh, *ob/wenn*[7] ich die Präsentation geschafft habe.

## 5 GRUND ODER KONSEQUENZ. Formulieren Sie Sätze mit *denn, weil, deshalb* wie im Beispiel. Unterstreichen Sie zunächst Grund und Konsequenz.

*weil*: Grund, Nebensatz
*denn*: Grund, Hauptsatz
*deshalb*: Konsequenz, Hauptsatz

1 Ich gehe zum Arzt. Ich bin krank.

weil: *Ich gehe zum Arzt, weil ich krank bin.*

denn: *Ich gehe zum Arzt, denn ich bin krank.*

deshalb: *Ich bin krank, deshalb gehe ich zum Arzt.*

2 Ich möchte fit bleiben. Ich treibe Sport.

weil: ______

denn: ______

deshalb: ______

3 Er muss Deutsch lernen. Er macht einen Sprachkurs.

weil: ______

denn: ______

deshalb: ______

4 Das Kind ist müde. Ich bringe es ins Bett.

weil: ______

denn: ______

deshalb: ______

## 6 *DENN* ODER *DANN*. Geburtstagsparty. Was ist korrekt? Markieren Sie.

1 Er macht eine Party, *dann/denn* er hat heute Geburtstag.
2 Er legt den Termin fest, *dann/denn* lädt er seine Freunde ein.
3 Er muss den Termin noch einmal verschieben, *dann/denn* viele hatten an dem Tag keine Zeit.
4 Er kauft ein, *dann/ denn* bereitet er das Essen zu.
5 Er stellt auch die Möbel um, *dann/denn* man braucht Platz zum Tanzen.
6 Er bereitet alles vor, *dann/denn* sagt er den Nachbarn Bescheid, dass es laut werden kann.

## 7 Neuanfang. Ergänzen Sie die Sätze mit den Wörtern. Achten Sie auf die richtige Verbform.

| meine Abschlussprüfung • ablegen • ich • morgen |
|---|

1a Ich bin nervös, weil ______

1b Ich bin nervös, denn ______

| nach vielen Jahren • mit der Schule • aufhören • ich |
|---|

2a Aber ich freue mich, weil ______

2b Aber ich freue mich, denn ______

| ich • nächsten Monat • anfangen • einen neuen Job |
|---|

3a Aber ich habe keine Pause, weil ______

3b Aber ich habe keine Pause, denn ______.

| vorbereiten • ich • mich • auf den Job |
|---|

4a Im kommenden Monat werde ich keine Zeit haben, weil ______

4b Im kommenden Monat werde ich keine Zeit haben, denn ______

| erst einmal • weit • sie • wegfahren |
|---|

5a Die meisten Mitschüler machen es anders als ich, weil ______

5b Die meisten Mitschüler machen es anders als ich, denn ______

| vorstellen • ich • mir • meinen ersten Job • sehr spannend |
|---|

6a Aber ich bin nicht neidisch, weil ______

6b Aber ich bin nicht neidisch, denn ______

## 8 Umweltfreunde. Ergänzen Sie *dann, dass, denn, deshalb, oder, sonst, und, weil, wenn.*

1 Es ist ganz klar, ______ wir uns um die Umwelt kümmern müssen.

2 ______ versuchen wir, uns möglichst umweltfreundlich zu verhalten.

3 Zum Beispiel nehmen wir den Zug *(und kein Flugzeug)*, ______ wir reisen.

4 Wir sind auch Vegetarier, ______ bei der Fleischproduktion wird sehr viel Wasser verbraucht.

5 Für den Weg zur Arbeit benutzen wir öffentliche Verkehrsmittel, ______ wir unseren $CO_2$-Fußabdruck klein halten wollen.

6 Unsere gut erhaltene Kleidung verschenken wir, ______ wir bringen sie in spezielle Kleidercontainer. ______ können die Kleidungsstücke noch einmal benutzt werden.

7 Natürlich kaufen wir nur Bio-Produkte ______ trennen unseren Müll, ______ könnten wir uns nicht Umweltfreunde nennen.

# Relativsätze

16

➡ **Kapitel 75 und 76 in *Grammatik aktiv A1–B1***

## 1 RELATIVSÄTZE IM NOMINATIV, AKKUSATIV UND DATIV

**a) Kombinieren Sie Hauptsatz und Relativsatz. Was passt am besten?**

1 Anweisungen bekomme ich von dem Mann,
2 Ich arbeite in einem Gebäude
3 Meine direkte Vorgesetzte ist die Frau,
4 Ich esse mittags meistens mit Kollegen,
5 Herr Schmidt ist ein Mitarbeiter,
6 Ich arbeite in einem Team,
7 Frau Müller ist eine Chefin,
8 Ich hasse Arbeiten,
9 Ich treffe heute einen Kunden,
10 Ich arbeite gerne in einem Team,
11 Meine Chefin ist eine Person,
12 Es gibt einige Kollegen,

A die im gleichen Büro wie ich arbeiten.
B das neu renoviert ist.
C die unsere Abteilung leitet.
D der mein Chef ist.
E die ich respektiere.
F die ich langweilig finde.
G den ich sehr mag.
H das ich sehr gut finde.
I der ich vertraue.
J dem ich einen guten professionellen Rat geben will.
K denen ich manchmal helfe.
L dem ich vertraue.

**b) Ergänzen Sie die Relativpronomen in der Tabelle.**

| | maskulin | neutral | feminin | Plural |
|---|---|---|---|---|
| Nominativ | | | | |
| Akkusativ | | | | |
| Dativ | | | | |

**c) Unterstreichen Sie das Verb im Relativsatz und ergänzen Sie die Verbstruktur in der Klammer.**

1 Ich treffe heute einen Freund, den ich schon lange <u>kenne</u>. (*kennen + Akkusativ*)
2 Katja ist eine Freundin, der ich oft helfe. (________________)
3 Mario und Lena sind Menschen, die ich sehr gerne mag. (________________)
4 Lionel, den ich oft besuche, habe ich bei der Arbeit getroffen. (________________)
5 Sie sind Freundinnen, denen ich immer aus dem Urlaub schreibe. (________________)

**d) Meine Nachbarn. Bilden Sie Relativsätze.**

1 In der Wohnung unter mir wohnt Frau Pilz. <u>Sie</u> ist meine liebste Nachbarin.

________________________________

2 Sie hat einen Kater. Ich füttere <u>ihn</u> manchmal.

________________________________

3 Ein anderer Nachbar ist Steve. <u>Er</u> fährt oft mit seiner Frau in Urlaub.

________________________________

4 Im zweiten Stock wohnen ältere Leute. Ich trage <u>ihnen</u> oft schwere Einkaufstüten nach oben.

________________________________

5 Die junge Familie neben mir hat ein neues Baby. Ich höre <u>es</u> manchmal schreien.

________________________________

**e) Mein Freund Johannes. Markieren Sie das korrekte Relativpronomen.**

Johannes ist ein guter Freund, *der/den/dem*[1] ich bei der Arbeit kennen gelernt habe. Er ist ein Mensch, *der/den/dem*[2] immer freundlich ist, und *der/den/dem*[3] mir oft hilft. Er ist aber auch die Person, *die/der/den*[4] ich sofort helfe, wenn ich kann. Natürlich habe ich auch seine Frau kennengelernt, *die/der/denen*[5] ich auch sehr sympathisch finde. Johannes und seine Frau gehören zu einer Gruppe von Leuten, *die/dem/der*[6] ich schon lange kenne und *die/dem/denen*[7] ich alles erzählen kann, und *den/denen/dem*[8] ich absolut vertraue.

## 2 RELATIVSÄTZE MIT PRÄPOSITION

**a) Kombinieren Sie Hauptsatz und Relativsatz.**

| | | | |
|---|---|---|---|
| 1 | Mein Chef ist ein Mann, | A | mit der ich schon lange zusammen arbeite. |
| 2 | Lena Riemer ist eine Kollegin, | B | ohne das heute die meisten Arbeiten nicht möglich wären. |
| 3 | Der Computer ist ein Gerät, | C | für die ich nicht qualifiziert bin. |
| 4 | Zur Zeit mache ich Arbeiten, | D | zu dem ich mit jeder Frage gehen kann. |

**b) Ergänzen Sie die Regel.**

**Wenn zum Verb im Relativsatz eine Präposition gehört, steht die Präposition ______ dem Relativpronomen.**

**Ob das Relativpronomen im Akkusativ oder Dativ steht, hängt von ____________________ ab.**

**c) Landeskundequiz. Ergänzen Sie das korrekte Relativpronomen mit Präposition.**

1 Wie heißt das größte Fest in Deutschland, auf ______ sich alle Kinder freuen?

2 Wie heißen die beiden Städte, in ______ am meisten Karneval gefeiert wird?

3 Wie heißt die Frau, von ______ man erzählt, dass sie sich auf einem Felsen über dem Rhein kämmte?

4 Wie heißt das Fest, auf ______ man Bier aus 1-Liter-Krügen trinken kann?

5 Wie heißt die Stadt, in ______ ein berühmter Dom steht, an ______ 800 Jahre lang gebaut wurde?

6 Wie heißt der größte See Deutschlands, an ______ außer Deutschland noch zwei andere Länder grenzen?

7 Wie heißt das Tor in Berlin, durch ______ früher die Berliner Mauer verlief?

## 3 Wege zum Job. Ergänzen Sie das Relativpronomen und, wenn notwendig, die korrekte Präposition und setzen Sie den Relativsatz an die richtige Stelle im Satz. Setzen Sie Kommata.

Der Relativsatz steht (fast) direkt nach dem Nomen, das er näher erklärt.

1 Man kann auf vielen Wegen einen Job finden. Ein Weg ist die Suche im Internet. *(Die meisten Leute gehen diesen Weg.)*

2 Im Internet gibt es nicht nur Webseiten, sondern auch soziale Netzwerke. *(Auf den Seiten findet man Stellenanzeigen.) (In den Netzwerken können sich Jobsuchende präsentieren.)*

3 Eine andere Methode ist die Methode „Vitamin B". *(Die Methode hat schon viel Erfolg gebracht.)* B bedeutet „Beziehung".

4 Eine Stelle durch Vitamin B finden bedeutet also, dass eine Person mich einer Firma empfiehlt. *(Die Person weiß von einer freien Stelle.)*

5 Außerdem gibt es noch die Agentur für Arbeit. *(Die Agentur gibt es in jeder Stadt.)*

6 Eine Bewerbung bei einer Firma heißt Initiativbewerbung. *(Die Firma sucht offiziell kein Personal.)*

# Partnerseite 5
## ➡ Kapitel 14–16

Partner/-in A

**Arbeiten Sie zu zweit. Partner/-in A arbeitet auf dieser Seite, Partner/-in B arbeitet auf Seite 64. Partner/-in A liest den ersten Satz in Orange ⚠ und korrigiert ihn und liest ihn laut vor. Partner/-in B hat den richtigen Satz und kontrolliert.**
**Den nächsten Satz korrigiert Partner/-in B, liest ihn laut vor und Partner/-in A kontrolliert mit dem Satz in Grau. Die Anzahl der Fehler im Satz steht in Klammern am Ende des Satzes.**
**Die Korrekturen sind fett gedruckt.**

Die Fehler sind immer in der Wortposition.

Lieber Manuel,

⚠ 1 du hast mich gefragt, wie war mein erster Arbeitstag auf meiner allerersten Arbeitsstelle. *(1)*

2 Ich muss leider sagen, dass er katastrophal **war**.

⚠ 3 Nachdem ich für mein Gefühl mitten in der Nacht aufgestanden und zur U-Bahn war gerannt, habe ich gelesen, dass ein technisches Problem es mit der Bahn gab. *(2)*

4 Ich musste ein Taxi nehmen, sonst **wäre** ich zu spät gekommen.

⚠ 5 Als ich ausgestiegen war und 20,– Euro bezahlt hatte, ich habe bemerkt, dass mein Handy war weg. *(2)*

6 Danach **war** ich total durcheinander und **bin** zu dem Gebäude gelaufen, in dem die Kanzlei **ist**.

⚠ 7 Plötzlich war ich unsicher, ob ich stehe wirklich vor dem richtigen Gebäude, denn dort die Häuser alle gleich aussehen. *(2)*

8 Ich wollte mein Handy aus der Tasche nehmen, um darauf **zu** sehen, wie die Hausnummer **ist**.

⚠ 9 Während ich gesucht habe, mir ist eingefallen, dass ich das Handy ja hatte im Taxi vergessen. *(2)*

10 Ich musste die Klingelschilder an drei Häusern checken, bevor **ich** die Kanzlei gefunden **habe**.

⚠ 11 Deshalb ich zu spät gekommen bin und der Chef, der ist eigentlich sehr herzlich, mich entsprechend kühl begrüßt hat. *(3)*

12 Die Arbeit ist auch nicht gut gelaufen, weil **ich** absolut gestresst war, nachdem ich angekommen **war**.

⚠ 13 Die zwei Frauen, mit denen ich das Büro teile, auch komisch zu mir waren. *(1)*

14 Aber wahrscheinlich war ich komisch. Obwohl es ein Desaster war, **gehe** ich morgen wieder hin.

⚠ 15 Halte mir die Daumen, dass es wird ein besserer Tag. *(1)*

Wie geht's dir?
Alles Gute und liebe Grüße
Iliana

16 P.S. Als ich nach Hause **kam**, **habe** ich mein Handy auf dem Küchentisch gesehen.

# Partnerseite 5

## ➡ Kapitel 14–16

**Partner/-in B**

**Arbeiten Sie zu zweit. Partner/-in B arbeitet auf dieser Seite, Partner/-in A arbeitet auf Seite 63. Partner/-in A liest den ersten Satz und korrigiert ihn und liest ihn laut vor. Partner/-in B hat den richtigen Satz in Grau und kontrolliert.**
**Den nächsten Satz in Türkis ⚠ korrigiert Partner/-in B, liest ihn laut vor und Partner/-in A kontrolliert.**
**Die Anzahl der Fehler im Satz steht in Klammern am Ende des Satzes.**
**Die Korrekturen sind fett gedruckt.**

Die Fehler sind immer in der Wortposition.

Lieber Manuel,

1 du hast mich gefragt, wie mein erster Arbeitstag auf meiner allerersten Arbeitsstelle **war**.

⚠ 2 Ich muss leider sagen, dass er war katastrophal. *(1)*

3 Nachdem ich für mein Gefühl mitten in der Nacht aufgestanden und zur U-Bahn gerannt **war**, habe ich gelesen, dass **es** ein technisches Problem mit der Bahn gab.

⚠ 4 Ich musste ein Taxi nehmen, sonst ich zu spät gekommen wäre. *(1)*

5 Als ich ausgestiegen war und 20,– Euro bezahlt hatte, **habe** ich bemerkt, dass mein Handy weg **war**.

⚠ 6 Danach ich war total durcheinander und zu dem Gebäude gelaufen bin, in dem ist die Kanzlei. *(3)*

7 Plötzlich war ich unsicher, ob ich wirklich vor dem richtigen Gebäude **stehe**, denn dort **sehen** die Häuser alle gleich aus.

⚠ 8 Ich wollte mein Handy aus der Tasche nehmen, um zu darauf sehen, wie ist die Hausnummer. *(2)*

9 Während ich gesucht habe, **ist** mir eingefallen, dass ich das Handy ja im Taxi vergessen **hatte**.

⚠ 10 Ich musste die Klingelschilder an drei Häusern checken, bevor die Kanzlei ich habe gefunden. *(2)*

11 Deshalb **bin** ich zu spät gekommen und der Chef, der eigentlich sehr herzlich **ist**, **hat** mich entsprechend kühl begrüßt.

⚠ 12 Die Arbeit ist auch nicht gut gelaufen, weil absolut ich gestresst war, nachdem ich war angekommen. *(2)*

13 Die zwei Frauen, mit denen ich das Büro teile, **waren** auch komisch zu mir.

⚠ 14 Aber wahrscheinlich war ich komisch. Obwohl es ein Desaster war, ich gehe morgen wieder hin. *(1)*

15 Halte mir die Daumen, dass es ein besserer Tag **wird**.

Wie geht's dir?
Alles Gute und liebe Grüße
Iliana

⚠ 16 P.S. Als ich kam nach Hause, ich habe mein Handy auf dem Küchentisch gesehen. *(2)*

# Verben mit festen Präpositionen



➡ Kapitel 58 und 59 in *Grammatik aktiv A1–B1*

## 1 Ordnen Sie zu.

1 Ich habe mich beruflich auf
2 Seit meinem Abschluss habe ich regelmäßig an
3 Ich interessiere mich für
4 Ich kann mich auf
5 Ich kann mich nicht mehr daran
6 Ich möchte nächste Woche damit
7 Meine Kollegen haben dazu
8 Ich habe mich dafür
9 Ich muss mich darüber
10 Es ist viel Arbeit. Aber darüber

A Fortbildungen teilgenommen.
B entschieden, meine Stelle zu wechseln.
C erinnern, wo ich die Datei gespeichert habe.
D informieren, wo ich Stellenangebote finden kann.
E beklage ich mich nicht.
F beigetragen, dass ich mich in der neuen Firma schnell wohlgefühlt habe.
G anfangen, eine Programmiersprache zu lernen.
H Datenbanken spezialisiert.
I die Unterstützung meiner Freunde verlassen.
J eine Stelle mit Kundenkontakt.

## 2 Ergänzen Sie die Tabelle. Markieren Sie das eingefügte *-r-*.

| Verb | Präposition | Fragewort für Dinge | Fragewort für Personen |
|---|---|---|---|
| informieren | *über* | | |
| sich entscheiden | | *Wofür?* | |
| anfangen | | | |
| sich verlassen | | | *Auf wen?* |
| sich erinnern | | | |
| fragen | | | |
| träumen | | | |

## 3 FRAGEN BEI VERBEN MIT PRÄPOSITIONEN

### a) Nach Personen fragen. Schreiben Sie Fragen.

1 Sie beschwert sich über ihre Nachbarin. *Über wen beschwert sie sich?*
2 Er erzählt von den Leuten in der alten Firma. ______________________?
3 Sie denken viel an ihre Freunde in Berlin. ______________________?
4 Wir unterhalten uns selten mit den Kollegen aus der anderen Abteilung. ______________________?
5 Sie entschuldigt sich bei der Kollegin. ______________________?

### b) Nach Dingen, Sachen, Situationen fragen. Schreiben Sie Fragen zu den unterstrichenen Satzteilen.

1 Wir müssen lange <u>auf unseren Anschlusszug</u> warten. *Worauf müsst ihr lange warten*?
2 Wir werden leider nicht <u>über die aktuelle Abfahrtszeit</u> informiert. ______________________?
3 Wir müssen uns <u>nach einer anderen Fahrtmöglichkeit</u> erkundigen. ______________________?
4 Wir müssen damit rechnen, <u>dass wir den Bus am Bahnhof verpassen</u>. ______________________?
5 Das Problem liegt darin, <u>dass die Zeit sehr knapp ist</u>. ______________________?

c) **Person oder Sache? Schreiben Sie die Fragen zu den unterstrichenen Satzteilen.**

1 Ich halte mit meinem Kollegen eine Präsentation über Angebote für Skiurlaub.

a) ______________________________?

b) ______________________________?

2 Ich habe mich mit ihm zusammen auf den Termin vorbereitet.

a) ______________________________?

b) ______________________________?

3 Ich habe ein bisschen Angst davor, vor einem großen Publikum zu sprechen.

______________________________?

4 Ich kann mich immer auf meinen Kollegen verlassen.

______________________________?

5 Er ist an Vorträge vor vielen Leuten gewöhnt.

______________________________?

6 Ich werde mich natürlich bei ihm mit einer Flasche Wein für seine Unterstützung bedanken.

a) ______________________________?

b) ______________________________?

c) ______________________________?

## 4 NOMEN ODER NEBENSATZ? Schreiben Sie Sätze mit Präposition oder Präpositionalpronomen. Achten Sie auf die richtige Endung der Artikel.

1a Ich freue mich ______________________. *(die Ferien)*

1b Ich freue mich ______________________. *(dass es Ferien gibt)*

2a Ich träume ______________________. *(eine Weltreise zu machen)*

2b Ich träume ______________________. *(eine Weltreise)*

3a Ich entschuldige mich bei den Nachbarn ______________________. *(der Lärm am Samstagabend)*

3b Ich entschuldige mich bei den Nachbarn ______________________. *(dass es Samstagabend so laut war)*

## 5 Kennenlernen. Schreiben Sie Sätze. Denken Sie an das Präpositionalpronomen.

1 sich erinnern *(an)* · ich / wie · ich · ihn · zum ersten Mal · gesehen haben

*Ich erinnere mich daran, wie ich ihn zum ersten Mal gesehen habe.*

2 sich unterhalten haben *(über)* · wir / wie · wir · das Leben in Berlin · finden

______________________________

3 sich entschuldigt haben *(für)* · er / dass · er · nicht gut · Deutsch · sprechen

______________________________

4 sich interessiert *(für)* · ich · nicht / ob · er · Fehler im Deutschen · machen

______________________________

5 gewartet haben *(auf)* · ich / dass · er · mich · zum Tanzen · auffordern

______________________________

## 6 Ein Interview

### a) Ergänzen Sie die Präpositionen oder Pronominaladverbien in den Fragen.

1 Denkst du meistens ________________, deinen Bekannten zum Geburtstag zu gratulieren?

2 Ärgerst du dich oft ________________ andere Autofahrer?

3 Diskutierst du gerne ________________ Politik?

4 Fühlst du dich ________________ der Meinung anderer Menschen abhängig?

5 Streitest du manchmal ________________ mit anderen Leuten?

6 Kannst du leicht ________________ Süßigkeiten verzichten?

7 Kannst du dich ________________ erinnern, wie du dich als Kind in der Schule gefühlt hast?

### b) Beantworten Sie die Fragen. Verwenden Sie Präpositionalpronomen oder Präposition + Pronomen wie im Beispiel.

1 *Ja, ich denke meistens daran. / Nein, ich denke meistens nicht daran.*

2 *Ja, ich ärgere mich oft über sie / Nein, ich ärgere mich nicht oft über sie.*

3 ________________________________

4 ________________________________

5 ________________________________

6 ________________________________

## 7 Streit. Ergänzen Sie die Verben aus dem Schüttelkasten in der richtigen Form.

| suchen • warnen • rechnen • kümmern • denken • fragen • beklagen • verlassen • sich erinnern |
|---|

- Niemand konnte damit ________________, dass es so schnell anfängt zu regnen.
- Ich habe dich aber davor ________________, dass das Wetter schlecht wird. ____________ du ____________ nicht mehr daran?
- ____________ dich nicht darüber, das hilft nicht. ________________ lieber nach einem Taxi.
- ________________ du dich doch darum, dass wir schnell ein Taxi finden. Aber du musst den Taxifahrer erst nach dem Preis ____________, ich habe nicht viel Geld bei mir.
- Auf dich kann man sich nie ________________!
- Das nächste Mal musst du halt daran ____________, einen Regenschirm mitzunehmen.

## 8 Korrigieren Sie die Sätze. In jedem Satz ist ein Fehler bei den Verben mit festen Präpositionen.

1 Womit beschäftigst du dich gerade? – Ich beschäftige mich dafür, die Dateien herunterzuladen.

2 Er bittet die Kollegin um, dass sie ihn diese Woche unterstützt.

3 Sie hat ihn bei ihrem Geburtstag eingeladen.

4 Sie hat nicht darüber gedacht, den Computer runterzufahren.

5 Bitte denkt noch einmal über nach, was wir der Kollegin zum Geburtstag schenken können.

**9 Welche Präpositionen passen? Manchmal gibt es mehrere Möglichkeiten. Kreuzen Sie an.**

| | an | auf | bei | für | mit | über | von | vor | zu |
|---|---|---|---|---|---|---|---|---|---|
| sich unterhalten | ☐ | ☐ | ☐ | ☐ | ☐ | ☐ | ☐ | ☐ | ☐ |
| teilnehmen | ☐ | ☐ | ☐ | ☐ | ☐ | ☐ | ☐ | ☐ | ☐ |
| sich interessieren | ☐ | ☐ | ☐ | ☐ | ☐ | ☐ | ☐ | ☐ | ☐ |
| anfangen | ☐ | ☐ | ☐ | ☐ | ☐ | ☐ | ☐ | ☐ | ☐ |
| sich vorbereiten | ☐ | ☐ | ☐ | ☐ | ☐ | ☐ | ☐ | ☐ | ☐ |
| sich freuen | ☐ | ☐ | ☐ | ☐ | ☐ | ☐ | ☐ | ☐ | ☐ |
| sich bedanken | ☐ | ☐ | ☐ | ☐ | ☐ | ☐ | ☐ | ☐ | ☐ |
| eine Präsentation | ☐ | ☐ | ☐ | ☐ | ☐ | ☐ | ☐ | ☐ | ☐ |
| erzählen | ☐ | ☐ | ☐ | ☐ | ☐ | ☐ | ☐ | ☐ | ☐ |
| verzichten | ☐ | ☐ | ☐ | ☐ | ☐ | ☐ | ☐ | ☐ | ☐ |
| sich gewöhnen | ☐ | ☐ | ☐ | ☐ | ☐ | ☐ | ☐ | ☐ | ☐ |
| sich erinnern | ☐ | ☐ | ☐ | ☐ | ☐ | ☐ | ☐ | ☐ | ☐ |
| sich beschweren | ☐ | ☐ | ☐ | ☐ | ☐ | ☐ | ☐ | ☐ | ☐ |
| streiten | ☐ | ☐ | ☐ | ☐ | ☐ | ☐ | ☐ | ☐ | ☐ |
| sich entschließen | ☐ | ☐ | ☐ | ☐ | ☐ | ☐ | ☐ | ☐ | ☐ |
| Angst haben | ☐ | ☐ | ☐ | ☐ | ☐ | ☐ | ☐ | ☐ | ☐ |
| beitragen | ☐ | ☐ | ☐ | ☐ | ☐ | ☐ | ☐ | ☐ | ☐ |
| sich beklagen | ☐ | ☐ | ☐ | ☐ | ☐ | ☐ | ☐ | ☐ | ☐ |

**10 Urlaubspläne. Lernen Sie die Verben mit Präpositionen in 9 auswendig. Decken Sie dann 9 ab und ergänzen Sie die Präpositionen und die Artikel oder die Präpositionalpronomen.**

Letzten Freitag haben wir uns in der Kantine ________ d____ Kolleginnen und Kollegen ________ d____ Urlaub unterhalten. Ein Kollege hat im Urlaub ________ ein____ Tiefsee-Tauchkurs teilgenommen. Er interessiert sich sehr ________ Fische und andere Meerestiere und hat schon vor ein paar Jahren ________ d____ Tauchen angefangen. Er hat sich mehrere Monate ________ d____ Kurs vorbereitet, indem er regelmäßig im Schwimmbad trainiert hat. Wir haben ihm zum Geburtstag ein Buch über die Tiefsee geschenkt. ________ hat er sich sehr gefreut und sich ________ selbst gebackenem Kuchen ________ uns bedankt. Er hat im Urlaub viele Fotos gemacht und will uns bald eine Präsentation ________ die Geheimnisse der Tiefsee zeigen. Eine andere Kollegin hat uns ________ ihren Plänen für den Urlaub erzählt. Sie geht im Herbst für drei Wochen in ein buddhistisches Kloster. Natürlich muss sie dort ________ vieles verzichten, aber sie hat es schon einmal gemacht und meint, man gewöhnt sich schnell ________. Sie erinnert sich noch gut ________ d____ letzte Mal, als sie dort mit einer Freundin war. Die Freundin konnte sich nicht ________ d____ einfache Leben gewöhnen und hat sich ständig ________ alles beschwert. Sie hat in diesem Urlaub viel ________ ihr gestritten. Deshalb hat sie sich ________ entschlossen, dieses Mal alleine zu fahren. Sie hat keine Angst ________, alleine zu sein und freut sich schon sehr ________ diese Zeit. Ich konnte ________ diesem Gespräch nicht viel beitragen. Meine Urlaubspläne sind nicht so beeindruckend, keine Tiefsee, kein Kloster. Wir fahren nur 100 Kilometer weit, übernachten auf dem Campingplatz, schwimmen im See und entspannen. Ich beklage mich nicht ________. Wir werden bestimmt einen wunderbaren Urlaub mit den Kindern haben, aber es gibt nicht so viel ________ zu erzählen.

# Konjunktiv 2

18

## ➡ Kapitel 60 und 61 in *Grammatik aktiv A1–B1*

**1 BEDEUTUNG DES KONJUNKTIV 2. Warum wird hier Konjunktiv 2 gebraucht? Ordnen Sie zu.**

1 Dürfte ich Sie um Hilfe bitten?
2 Ich hätte gerne Flügel!
3 Wenn ich fliegen könnte, würde ich nach Japan fliegen.
4 Wir könnten das Flugzeug nehmen.
5 Ich wäre gerne ein Vogel.
6 Du solltest realistisch bleiben.
7 An deiner Stelle würde ich zum Arzt gehen.
8 Ich würde regelmäßig ins Fitnessstudio gehen, wenn ich genug Zeit hätte.

A Wunsch
B Irreale Bedingung
C Höflichkeit
D Ratschlag
E Vorschlag

**2 FORMEN DES KONJUNKTIV 2**

**a) Wie heißen die Formen im Konjunktiv 2?**

**Extra-Formen**

1 ich bin ich ______
2 ich habe ich ______
3 ich muss ich ______
4 du sollst du ______
5 wir können wir ______
6 er darf er ______
7 ich will ich ______

**Normale Verben**

8 ich fliege ich ______
9 er isst er ______
10 es gibt es ______
11 ihr sprecht ihr ______
12 du kaufst du ______
13 sie schläft sie ______
14 wir gehen wir ______
15 sie/Sie kaufen ein sie/Sie ______

**b) Ergänzen Sie die Regel.**

Konjunktiv 2 aller Verben – außer *haben*, *sein* und den Modalverben – bildet man mit

______ + ______.

**3 Entscheidungsfragen. Ergänzen Sie die Verben im Konjunktiv 2.**

1 Wo ______ du jetzt lieber ______: auf Hawaii oder in den Alpen? *(sein)*
2 Was ______ du lieber ______: ein tolles Auto oder ein großes Haus? *(haben)*
3 Wohin ______ du lieber ______: auf den Mond oder in die Antarktis? *(fahren)*
4 Was ______ du lieber ______: viel Geld oder viel Glück in der Liebe?*( haben)*
5 Wann ______ du lieber ______: in der Vergangenheit oder in der Zukunft? *(leben)*
6 Was ______ du lieber ______: noch einmal ein Kind oder noch einmal ein Teenager? *(sein)*
7 Was ______ du lieber ______: einen Hund oder eine Katze? *(haben)*
8 Was ______ du jetzt lieber ______: Kuchen oder ein Steak? *(essen)*
9 Wo ______ du lieber ______: in einer großen Stadt oder auf dem Land? *(wohnen)*
10 Was ______ du am Wochenende lieber ______: faulenzen oder wandern? *(machen)*

## 4 Mein Traumjob. Ergänzen Sie die Verben im Konjunktiv 2.

Mein Traumjob *wäre* eine Arbeit im kreativen Bereich *--* [1] *(sein)*. Natürlich ________ ich ein gutes Gehalt ________ [2] *(haben)*. Ich ________ zu Fuß zur Arbeit ________ [3] *(können gehen)*.

In meinem Team ________ alle nicht nur sympathisch, sondern auch hilfsbereit ________ [4] *(sein)*

Natürlich ________ wir die weltbeste Führungskraft: Verständnisvoll, unterstützend, lustig ________ [5] *(haben)*.

Unter diesen Bedingungen ________ ich täglich gerne zur Arbeit ________ [6] *(gehen)*.

Und ich ________ voller Engagement ________ [7] *(arbeiten)*. Meine Arbeitszeiten ________ übrigens auch flexibel ________ [8] *(sein)* und ich ________ Pause ________ [9] *(können machen)*, so lange und so oft ich ________ [10] *(wollen)*.

Meine Kollegen und mein Chef ________ auch meine Freunde ________ [11] *(sein)* und wir ________ uns am Wochenende und am Feierabend ________ [12] *(treffen)* und wir ________ viele tolle Sachen zusammen ________ [13] *(unternehmen)*. Ich ________ dort ________ [14] *(arbeiten)*, bis ich 80 Jahre alt ________ [15] *(sein)*.

## 5 Machen Sie die Sätze mit dem Konjunktiv 2 höflicher.

1 Ich will eine Information haben.

________________________________

2 Können Sie mir eine Auskunft geben?

________________________________

3 Darf ich Ihr Handy benutzen?

________________________________

4 Helfen Sie mir!

________________________________

5 Ich öffne das Fenster, okay?

________________________________

6 Sie müssen mir noch den Vertrag schicken!

________________________________

## 6 Das würde ich ganz anders machen! Schreiben Sie Sätze wie im Beispiel.

1 Seine Nachbarinnen und Nachbarn sind nachts immer laut, aber er beschwert sich nie.

*Wenn meine Nachbarinnen und Nachbarn nachts immer laut wären, würde ich mich beschweren.*

2 Er hat Zahnschmerzen, aber er geht nicht zum Zahnarzt.

________________________________

3 Er hat Fieber, aber er bleibt nicht im Bett.

________________________________

4 Es regnet, aber er geht spazieren.

________________________________

5 Seine Mutter ist zu Besuch, aber er geht alleine ins Kino.

________________________________

6 Er kann nicht schwimmen, aber er geht ins Schwimmbad.

________________________________

7 Er muss zur Arbeit gehen, aber er bleibt zu Hause.

________________________________

# Passiv

## ➡ Kapitel 62 und 63 in *Grammatik aktiv A1–B1*

**1 AKTIV ODER PASSIV? Welcher Satz passt besser? Schreiben Sie die Sätze zum Bild.**

Ein Bild wird gemalt. • Phil räumt das Geschirr weg. • Sie malt ein Bild. • Das Geschirr wird weggeräumt.

1 
2 
3 
4 

______ ______ ______ ______

**2 Ergänzen Sie die Regel für das Passiv und die Konjugation von *werden*.**

**Man bildet das Passiv mit der konjugierten Form von ______ + ______**

ich *werde* ______ | wir ______
du ______ | ihr ______
er/es/sie/man ______ | sie/Sie ______

**Für die Bildung des Passivs braucht man das Partizip Perfekt (= Partizip 2). Wiederholen Sie die Partizipien von den unregelmäßigen Verben!**

**3 Bilden Sie das Passiv Präsens.**

1 ich / befragen *ich werde befragt*
2 du / abholen ______
3 das Zeugnis / anerkennen ______
4 man / freundlich empfangen ______
5 er / rechtzeitig informieren ______
6 das private Chatten / verbieten ______
7 wir / unterstützen ______
8 ihr / rufen ______
9 die Probleme / vermeiden ______
10 Bargeld nicht akzeptieren ______

**4 PASSIV IN GEGENWART UND VERGANGENHEIT**

**a) Fußball. Lesen Sie den Text und unterstreichen Sie die Passivformen.**

Meist wird England als Mutterland des Fußballs genannt. Aber schon vor mehr als 3000 Jahren wurde in China ein Spiel gespielt, bei dem ein Ball mit dem Fuß gestoßen wurde. Auch in Amerika wurden viele verschiedene Ballspiele gespielt.
Die Entwicklung des modernen Fußballs ging aber von England aus. Nachdem im 19. Jahrhundert dort Regeln für den Fußball entwickelt worden waren, wurden erste Länderspiele (z. B. England-Schottland) ausgetragen und das Spiel wurde von Engländern auch in Kontinentaleuropa eingeführt.
Das Fußballspielen war lange Männersache. Erst 1970 ist es Frauen in Deutschland erlaubt worden, an Spielen des Deutschen Fußballbundes teilzunehmen. Seitdem sind in Deutschland viele Frauenmannschaften gegründet worden.

**b) Schreiben Sie die Passivformen aus 4a in die Tabelle.**

| Präsens | Präteritum | Perfekt | Plusquamperfekt |
|---|---|---|---|
| | | | |

## 5 Mein Lieblingscafé. Ergänzen Sie das Passiv im Präsens oder Präteritum.

Ich ______ oft ______ [1] *(fragen)*, warum ich so gerne in das Café „Erste Sahne" gehe. Das ist ganz einfach, weil man dort immer so nett ______ ______ [2] *(bedienen)*. Schon immer ______ dort ein sehr guter Kaffee ______ [3] *(anbieten)*. Früher ______ nur eine Sorte Kaffee ______ [4] *(servieren)*, heute gibt es zehn verschiedene Sorten. Seit einiger Zeit ______ auch jeden Tag fantastische Torten ______ [5] *(backen)*. Manchmal ______ die Gäste auch ______ [6] *(fotografieren)*, weil sich viele Prominente dort aufhalten. Wir sind letzte Woche ______ ______ [7] *(fragen)*, ob wir ______ ______ ______ [8] *(fotografieren dürfen)*, denn das Foto ______ in der Lokalzeitung ______ [9] *(veröffentlichen)*. Abends gibt es Musik und Tanz. Vielleicht ______ du von einem Popstar zum Tanzen ______ [10] *(auffordern)*?

## 6 Probleme am Computer

### a) Bilden Sie das Partizip Perfekt.

| | | |
|---|---|---|
| ausschalten – ______ | löschen – ______ | herunterfahren – ______ |
| eingeben – ______ | reinigen – ______ | einstecken – ______ |
| schütten – ______ | laden – ______ | anschließen – ______ |

### b) Schreiben Sie Sätze im Passiv Präteritum und Passiv Perfekt.

der Computer / ausschalten • die Datei / löschen • der Computer / nicht richtig herunterfahren • das Passwort / falsch eingeben • die Tastatur / reinigen • der USB-Stick / falsch einstecken • eine Cola / über die Tastatur schütten • der Laptop / nicht laden • Drucker / falsch anschließen

1 *Der Computer wurde ausgeschaltet. / Der Computer ist ausgeschaltet worden.*
2 ______
3 ______
4 ______
5 ______
6 ______
7 ______
8 ______
9 ______

## 7 PASSIV ODER AKTIV? Welche Sätze sind besser: a oder b? Kreuzen Sie an.

1 a ☐ Die Leute in Deutschland essen oft Kartoffeln. b ☐ In Deutschland werden oft Kartoffeln gegessen.

2 a ☐ Eine Person hat die Wohnung aufgeräumt. b ☐ Die Wohnung ist aufgeräumt worden.

3 a ☐ Rami Malek hat den Oscar gewonnen. b ☐ Der Oscar wurde von Rami Malek gewonnen.

4 a ☐ Man muss die E-Mail sofort beantworten. b ☐ Die E-Mail muss sofort beantwortet werden.

5 a ☐ Ich konnte das Konzert leider nicht bis zum Ende hören. b ☐ Das Konzert konnte von mir nicht bis zum Ende gehört werden.

**8** **Schreiben Sie die kursiven Sätze im Passiv. Achten Sie auf die Zeitform.**

1 *Man hat ihn gestern wegen der lauten Musik während der Party angezeigt.*

______________________________

2 *Jemand ließ die Tasche hier im Raum liegen.*

______________________________

3 Als ich bei Rot über die Ampel gefahren bin, *hat man mich geblitzt.*

______________________________

4 Er ärgert sich, *weil man seine Zeugnisse in Deutschland nicht anerkennt.*

______________________________

5 Ich habe gehört, *dass man von dem neuen Buch schon eine halbe Million verkauft hat.*

______________________________

6 *Man hat den lange gesuchten Juwelendieb gestern verhaftet.*

______________________________

7 *Leider verbreiten viele Menschen falsche Nachrichten im Internet.*

______________________________

**9** **PASSIV MIT MODALVERBEN. Ein Notfall.**

**a) Lesen Sie noch einmal die Sätze 4a, 4b, 5a und 5b in Übung 7. Ergänzen dann Sie die Regel für das Passiv mit Modalverben.**

Präsens: *Modalverb im Präsens* + ______________ + ______________

Präteritum: ______________ + *Partizip Perfekt* + ______________

**b) Schreiben Sie die Fragen wie im Beispiel. Achten Sie auf die Zeitform.**

1 Der Arzt wurde gerufen. *(müssen)*

*Warum musste der Arzt gerufen werden?*

2 Der Mann wurde vom Notarzt untersucht. *(müssen)*

______________________________

3 Der Mann wurde mit Blaulicht in die Klinik eingeliefert. *(müssen)*

______________________________

4 Der Mann wurde drei Tage lang beobachtet. *(müssen)*

______________________________

5 Der Mann wurde nicht von dem berühmten Spezialisten operiert. *(können)*

______________________________

6 Er wird erst in zwei Wochen in die Reha entlassen. *(können)*

______________________________

7 Er wird in einer Rehaklinik an der Nordsee weiterbehandelt. *(wollen)*

______________________________

c) **Beantworten Sie die Fragen aus b mit einem indirekten Fragesatz wie im Beispiel.**

1 *Ich weiß auch nicht, warum der Arzt gerufen werden musste.*

2 

3 

4 

5 

6 

7 

**10 Partyvor- und -nachbereitungen. Formen Sie die kursiv gedruckten Sätze ins Passiv um. Achten Sie auf die Zeitform.**

1 *Jemand hat gestern die Getränke besorgt.*

2 *Man hat dummerweise die Gläser vergessen.*

3 *Deshalb muss jemand heute Plastikbecher kaufen.*

4 Das führt dazu, *dass man morgen mehrere Säcke mit Plastikmüll entsorgen muss.*

5 *Gestern musste jemand die Nachbarn informieren,* damit sie sich nicht beschweren.

6 *Irgendjemand muss noch die Tische und Stühle stellen.*

7 *Nachdem jemand die Musikanlage gebracht hat, baut man sie auf.*

8 *Man darf die Musik nicht so laut anstellen,* sonst gibt es Ärger mit den Nachbarn.

9 *Morgen muss jemand den Raum putzen und aufräumen.*

**11 Korrigieren Sie die Sätze. In jedem Satz ist ein Fehler in der Passivform oder in der Wortposition.**

1 Die Müllentsorgung ist in den letzten 30 Jahren grundlegend verändert geworden.
2 Früher wurden der Müll nicht getrennt.
3 Jetzt muss Müll in verschiedene Mülltonnen sortieren werden.
4 Papiermüll, Plastikmüll, Glas und Biomüll werden getrennt voneinander.
5 Für Restmüll, Papiermüll und Plastikmüll wird von der Stadt verschiedene Mülltonnen zur Verfügung gestellt.
6 Meistens wird Glasmüll gebracht zu Glascontainern.
7 Nicht überall kann Biomüll in einer speziellen Biomülltonne gesammelt worden.
8 Es wäre gut, wenn könnte der Müll besser wiederverwertet werden.

# Artikel – Gebrauch

20

## ➡ Kapitel 15 in *Grammatik aktiv A1–B1*

### 1 ARTIKEL ODER KEIN ARTIKEL?
**Lesen Sie die Sätze und ergänzen Sie die Regel.**

1 Hast du heute Zeit?
2 Ich habe Lust, ins Kino zu gehen.
3 Er hat Glück gehabt.
4 Sie trinkt lieber Milch als Saft.

**Sachen, die man nicht zählen kann und die eine unbestimmte Menge angeben, haben ________ Artikel.**

### 2 Dialoge. Ergänzen Sie die Artikel, wenn nötig.

a) eine • ein • den • eine • der • der

- Trinkst du normalerweise morgens gerne ________ Tee *(m.)*?
- Nein, morgens trinke ich lieber ________ Kaffee *(m.)*.
- Ich trinke lieber mittags ________ Tasse *(f.)* Kaffee und meistens esse ich dazu ________ Stück *(n.)* Schokolade.
- Wie findest du ________ Kaffee? Ich habe ________ neue Sorte ausprobiert.
- ________ Kaffee schmeckt sehr gut, besser als ________ Kaffee, den wir sonst immer trinken.

b) die • einem • dem • keinen • ein • ein • kein • kein • den • die • keine

- Hast du heute ________ Zeit? Wir könnten mit ________ Fahrrad an ________ Rhein fahren und dort ________ Picknick machen.
- Ich habe leider ________ Fahrrad hier.
- ________ Problem, ich kenne ________ Geschäft, wo man ________ Fahrräder leihen kann.
- Sind ________ Fahrräder dort denn einigermaßen gut? Mit ________ schlechten Fahrrad macht eine Fahrradtour ________ Spaß.
- ________ Ahnung, aber wir können uns ________ Fahrräder ja mal angucken.

c) ein • die • einen • eine • keinen • keinen

- Kommst du heute mit in ________ Kantine? Ich habe schon ________ Hunger.
- Echt? Ich habe noch ________ Hunger, aber ich komme trotzdem mit. Heute gibt es ________ Sauerkraut mit ____ Würstchen.
- Super. Ich nehme dazu ________ Flasche Bier.
- Wirklich? Wenn ich jetzt ________ Glas Bier trinke, brauche ich erst ________ Mittagsschlaf, bevor ich weiterarbeiten kann. Ich kann mittags ________ Alkohol trinken.
- Ich trinke immer ________ alkoholfreies Bier.

## 3 DEFINITER, INDEFINITER, NEGATIVER ARTIKEL ODER KEIN ARTIKEL?

### a) Eine Geschichte. Ergänzen Sie. Achten Sie auf die Endung.

**Im Deutschen steht fast immer ein Artikel vor einem Nomen. Bei der ersten Nennung einer Sache/Person benutzt man den indefiniten Artikel, danach den definiten Artikel oder ein Pronomen.**

In einer großen Stadt lebte ______ [1] alter Mann. ______ [2] Mann mochte ______ [3] Stadt nicht besonders gerne, aber er wohnte schon lange dort. Er hatte ______ [4] sehr nette Nachbarin. ______ [5] Nachbarin wohnte auch schon lange in ______ [6] großen Stadt. ______ [7] Nachbarin half dem alten Mann oft und ______ [8] alte Mann half ______ [9] Nachbarin. Beide hatten ______ [10] sehr kleine Wohnung. ______ [11] Wohnungen lagen im 10. Stock und sie hatten ______ [12] wunderbaren Blick über ______ [13] Stadt. Man konnte von ______ [14] Wohnung aus auch ______ [15] Berge in der Ferne sehen. Sie lieben ______ [16] Berge. Am liebsten würden die beiden aus ______ [17] Stadt wegziehen und sich in ______ [18] Bergen ______ [19] gemeinsames Haus suchen. Aber sie haben noch ______ [20] passendes Haus gefunden. Entweder waren ______ [21] Häuser zu teuer oder zu groß oder zu klein. Auch heute suchen Sie wieder in ______ [22] Internetportal nach ______ [23] idealen Haus für sie. Vielleicht haben sie ja heute ______ [24] Glück?

### b) Dialoge. Ergänzen Sie die Artikel in der korrekten Form.

1 ● Hast du ______ Kuli? Ich muss hier unterschreiben und habe nur ______ Bleistift.
● Ja, ich habe ______ roten und ______ blauen Stift.
● Dann gib mir bitte ______ blauen Stift.

2 ● Gibt es hier im Haus ______ Fahrstuhl?
● Ja, ______ Fahrstuhl ist gleich hier rechts. Aber es gibt auch ______ Treppe.
● Und wo ist ______ Treppe?
● ______ Treppe ist links.

## 4 DEFINITER, INDEFINITER ODER KEIN ARTIKEL?

### Ergänzen Sie die Artikel in der korrekten Form.

**Namen von Städten haben nie einen Artikel, Namen von Ländern fast nie.**

Sehr geehrte Damen und Herren,

im Juli möchte ich mit ______ [1] Jugendgruppe ______ [2] Reise durch ______ [3] Deutschland machen. Wir möchten unter anderem ______ [4] Bamberg besichtigen. Deshalb möchte ich Sie bitten, mir ______ [5] Verzeichnis für ______ [6] Unterkünfte, die für ______ [7] Jugendgruppen geeignet sind, zukommen zu lassen. Außerdem wäre ich Ihnen dankbar, wenn Sie mir ______ [8] Veranstaltungskalender für ______ [9] zweite Woche im Juli (6.–12.7.) schicken könnten. Wir interessieren uns besonders für die Geschichte ______ [10] Stadt Bamberg. In unserer Gruppe ist ______ [11] Kind mit Behinderung, das sich nur mit ______ [12] Rollstuhl fortbewegen kann. Könnten Sie uns bitte ______ [13] Informationen für ______ [14] Rollstuhlfahrer zuschicken?

Mit ______ [15] vielem Dank im Voraus und ______ [16] freundlichen Grüßen

Madi Dieckmann

# Partnerseite 6

## ➡ Kapitel 17–19

**Partner/-in A**

**Arbeiten Sie zu zweit. Partner/-in A arbeitet auf dieser Seite, Partner/-in B arbeitet auf Seite 78. Partner/-in A liest den ersten Satz in Orange ⚠ und korrigiert ihn und liest ihn laut vor. Partner/-in B hat den richtigen Satz und kontrolliert.**
**Den nächsten Satz korrigiert Partner/-in B, liest ihn laut vor und Partner/-in A kontrolliert mit dem Satz in Grau. Die Korrekturen sind fett gedruckt.**

Es gibt nur Fehler im Passiv, im Konjunktiv 2 (Konj. 2) oder bei der festen Präposition eines Verbs (Präp.).

⚠ 1 In meiner Präsentation geht es über Arbeitszeiten in verschiedenen Unternehmen. *(Präp.)*

2 Ich werde mich zunächst **mit** Arbeitszeitregelungen in verschiedenen Unternehmen beschäftigen.

⚠ 3 Dann gehe ich auf ein, welche Vor- und Nachteile die unterschiedlichen Regelungen haben. *(Präp.)*

4 Zum Schluss werde ich meine Meinung sagen und erklären, was ich selbst gerne machen **würde**.

⚠ 5 Ich komme jetzt bei Arbeitszeiten in verschiedenen Branchen. *(Präp.)*

6 In den meisten Handwerksbetrieben sind die Arbeitszeiten jeden Tag gleich. Dort **wird** von morgens bis zum späten Nachmittag gearbeitet.

⚠ 7 Im Krankenhaus müssten die Mitarbeiter und Mitarbeiterinnen auch nachts arbeiten. *(Konj. 2)*

8 Denn die Patienten müssen auch nachts **versorgt** werden.

⚠ 9 Auch in der Produktion arbeitet man oft in Schichten, damit die Maschinen rund um die Uhr können genutzt werden. *(Passiv)*

10 In den Büros wurden die Arbeitszeiten in den letzten 50 Jahren **geändert**.

⚠ 11 Während es früher meist feste Arbeitszeiten gab, können die Arbeitszeiten heute von den Angestellten flexibler eingebracht wird. *(Passiv)*

12 Für mich persönlich haben feste Arbeitszeiten mehr Nachteile als Vorteile. Ich habe jetzt feste Arbeitszeiten, aber ich **hätte** gerne flexible Arbeitszeiten.

⚠ 13 Wenn ich manchmal auch vormittags frei hätte, kann ich leichter einen Arzttermin vereinbaren. *(Konj.)*

14 Und wenn ich morgens früher anfangen könnte, hätte ich nachmittags frei und könnte mich **um** die Kinder kümmern.

⚠ 15 Und damit bin ich am Schluss meiner Präsentation und danke Ihnen über Ihre Aufmerksamkeit. *(Präp.)*

16 Wenn Sie Fragen **dazu** haben, würde ich gerne darauf eingehen.

# Partnerseite 6
## ➡ Kapitel 17–19

**Partner/-in B**

**Arbeiten Sie zu zweit. Partner/-in B arbeitet auf dieser Seite, Partner/-in A arbeitet auf Seite 77. Partner/-in A liest den ersten Satz und korrigiert ihn und liest ihn laut vor. Partner/-in B hat den richtigen Satz in Grau und kontrolliert.**
**Den nächsten Satz in Türkis ⚠ korrigiert Partner/-in B, liest ihn laut vor und Partner/-in A kontrolliert. Die Korrekturen sind fett gedruckt.**

Es gibt nur Fehler im Passiv, im Konjunktiv 2 (Konj. 2) oder bei der festen Präposition eines Verbs (Präp.).

1 In meiner Präsentation geht es **um** Arbeitszeiten in verschiedenen Unternehmen.

⚠ 2 Ich werde mich zunächst für Arbeitszeitregelungen in verschiedenen Unternehmen beschäftigen. *(Präp.)*

3 Dann gehe ich **darauf** ein, welche Vor- und Nachteile die unterschiedlichen Regelungen haben.

⚠ 4 Zum Schluss werde ich meine Meinung sagen und erklären, was ich selbst gerne würde machen. *(Konj. 2)*

5 Ich komme jetzt **zu** Arbeitszeiten in verschiedenen Branchen.

⚠ 6 In den meisten Handwerksbetrieben sind die Arbeitszeiten jeden Tag gleich. Dort ist von morgens bis zum späten Nachmittag gearbeitet. *(Passiv)*

7 Im Krankenhaus **müssen** die Mitarbeiter und Mitarbeiterinnen auch nachts arbeiten.

⚠ 8 Denn die Patienten müssen auch nachts versorgen werden. *(Passiv)*

9 Auch in der Produktion arbeitet man oft in Schichten, damit die Maschinen rund um die Uhr genutzt werden **können**.

⚠ 10 In den Büros wurden geändert die Arbeitszeiten in den letzten 50 Jahren. *(Passiv)*

11 Während es früher meist feste Arbeitszeiten gab, können die Arbeitszeiten heute von den Angestellten flexibler eingebracht **werden**.

⚠ 12 Für mich persönlich haben feste Arbeitszeiten mehr Nachteile als Vorteile. Ich habe jetzt feste Arbeitszeiten, aber ich wurde gerne flexible Arbeitszeiten haben. *(Konj. 2)*

13 Wenn ich manchmal auch vormittags frei hätte, **könnte** ich leichter einen Arzttermin vereinbaren.

⚠ 14 Und wenn ich morgens früher anfangen könnte, hätte ich nachmittags frei und könnte mich für die Kinder kümmern. *(Präp.)*

15 Und damit bin ich am Schluss meiner Präsentation und danke Ihnen **für** Ihre Aufmerksamkeit.

⚠ 16 Wenn Sie Fragen zu haben, würde ich gerne darauf eingehen. *(Präp.)*

# Lösungen

## 1 Konjugation Präsens

1a haben – geht – habe – verstehe – schreibt – übereinstimmt – Können

1b kommst – tut – kann – feiert – darf – haben

2a ich weiß, ich gehe, ich möchte – du musst, du hast, du schließt – er,sie (Sg.), man weiß, er, sie (Sg.), man arbeitet, er, sie (Sg.), man tut, er, sie (Sg.), man kommt, er, sie (Sg.), man möchte, er, sie (Sg.), man schließt – wir tun – ihr arbeitet, ihr müsst, ihr tut, ihr kommt, ihr möchtet, ihr seid, ihr schließt – Sie tun, sie (Pl.) tun

2b 1. Ich weiß / Er weiß / Sie weiß / Man weiß ...
2. Ich möchte / Er möchte / Sie möchte / Man möchte ...
3. Er kommt / Sie kommt / Man kommt / Ihr kommt
4. Er arbeitet / Sie arbeitet / Man arbeitet / Ihr arbeitet
5. Du schließt / Er schließt / Sie schließt / Man schließt / Ihr schließt

3 1. kennst 2. wohnt 3. macht 4. arbeitet 5. schreibt 6. befindet 7. bittet 8. zusammenarbeitet 9. benimmt 10. antwortet 11. reagiert 12. hilft 13. braucht 14. arbeitet 15. kennt 16. beherrscht 17. muss 18. braucht 19. möchte 20. bist 21. Kannst 22. braucht 23. spart 24. hoffe 25. hilfst 26. zurückkommt 27. möchte

4 *Vokalwechsel e-i:*
sprechen, er spricht – nehmen, er nimmt (!) – helfen, er hilft – werden, er wird – bewerben, er bewirbt – treffen, er trifft – brechen, er bricht – treten, er tritt (!)
*Vokalwechsel e-ie:*
lesen, er liest – sehen, er sieht
*Vokalwechsel a-ä:*
fallen, er fällt – einladen, er lädt ein – tragen, er trägt – fangen, er fängt – fahren, er fährt – schlafen, er schläft – schlagen, er schlägt – laufen, er läuft – halten, er hält – lassen, er lässt
*kein Vokalwechsel:*
machen, er macht – sagen, er sagt – reden, er redet – gehen, er geht – kaufen, er kauft – stehen, er steht – denken, er denkt – kennen, er kennt

5a *trennbare Präfixe:* aus – an – ab – bei – ein – fern – nach – teil – vor – vorbei – weg
*untrennbare Präfixe:* be – er – emp – ent – ge – miss – ver – zer

5b Die Präfixe ***be***, ***er***, ***emp***, ***ent***, ***ge***, ***miss***, ***ver***, ***zer*** sind immer untrennbar, sie werden nicht betont.

5c

| | | Position 2 | | Ende |
|---|---|---|---|---|
| 1 | Ich | verstehe | den Redner nicht. | |
| 2 | Heute | stehe | ich um 7 Uhr | auf. |
| 3 | Er | trägt | heute nichts zur Diskussion | bei. |
| 4 | Die Teilnahmegebühr | beträgt | 250 Euro. | |
| 5 | Sie | bekommen / bekommt | eine finanzielle Unterstützung. | |
| 6 | Wann | kommst | du heute Nachmittag bei mir | vorbei? |

5d 1. Es ist so laut hier im Raum, dass ich den Redner nicht verstehe.
2. Ich habe mir den Wecker gestellt, damit ich heute um 7 Uhr aufstehe.
3. Ich bin überrascht, dass er heute nichts zur Diskussion beiträgt.
4. Ich kann es mir nicht leisten, an dem Seminar teilzunehmen, weil die Teilnahmegebühr 250 Euro beträgt.
5. Denken Sie daran, dass Sie / sie eine finanzielle Unterstützung bekommen / bekommt.
6. Weißt du schon, wann du heute Nachmittag bei mir vorbeikommst?

6 1. Heute trägt sie ihre Präsentation über Wien vor.
2. Sie trinkt den Kaffee schwarz, weil sie keine Kuhmilch verträgt.
3. Es ist besser, wenn du nicht jedes Wort im Wörterbuch nachsiehst.
4. Ich finde, dass der Kollege sich merkwürdig verhält.
5. Meine Schwester nimmt am „Bürgerforum Europa" teil.
6. Sie läuft schon seit 10 Jahren beim Marathon in Berlin mit.
7. Ich hoffe, dass meine Freundin mir Tangotanzen beibringt.
8. Ich verbringe meinen Urlaub am liebsten in den Bergen.

7 Ich **stelle** heute meine Heimatstadt **vor**. Ich **weiß** nicht, ob ihr alle wisst, wo Stralsund liegt. Wahrscheinlich nicht, deshalb habe ich hier ein paar Power Point-Folien. Lea, **kannst** du bitte das Licht ausmachen? Hier ist eine Karte von Deutschland, und ganz oben, ganz im Osten **sieht** man einen roten Punkt. Das ist Stralsund. Und in der Ostsee direkt gegenüber von Stralsund liegt die Insel Rügen. Wahrscheinlich **kennt** ihr alle das berühmte Bild von Caspar David Friedrich mit der Felsküste von Rügen. Stralsund ist wie zum Beispiel Hamburg, Bremen und Rostock eine Hansestadt und **hat** eine lange kaufmännische Tradition. Seit 2002 **gehört** die Altstadt zum UNESCO Weltkulturerbe. Es **gibt** viele interessante Veranstaltungen in Stralsund. Mir **gefällt** am besten das Hafenfest, das im Juni **stattfindet**. Wenn man **möchte**, kann man in der Ostsee baden, obwohl sie auch im Sommer relativ kalt ist. Vielen Dank für eure Aufmerksamkeit! Wenn ihr Fragen **habt**, stehe ich euch gerne zur Verfügung.

8 1. gehört 2. kann 3. vorstellen 4. streamt 5. speichert 6. hört 7. geht 8. ist 9. aufnimmt 10. machen kann 11. finde 12. erlernen 13. mögen 14. hören 15. singen 16. weiß 17. spielen möchte 18. kann 19. anmelden 20. lernen 21. kennen 22. können 23. ausprobieren 24. entscheidet 25. gefällt 26. möchte 27. muss 28. bedenken 29. braucht 30. müssen 31. bringen 32. müssen 33. achten 34. übt 35. sind 36. kostet 37. kann 38. verstehen 39. fördern 40. lernt

## 2 Wortposition

1a Im Hauptsatz steht das Verb auf Position **2**. Das Subjekt steht **links** oder **rechts** vom Verb / vor oder hinter dem Verb. Auch der Nebensatz kann auf Position 1 stehen, dann beginnt der Hauptsatz mit **dem Verb**.

1b 1. Den Acht-Stunden-Arbeitstag gibt es seit ungefähr 100 Jahren in Deutschland. / Den Acht-Stunden-Arbeitstag gibt es in Deutschland seit ungefähr 100 Jahren.
2. In den 1960er-Jahren wurde die Fünf-Tage-Woche eingeführt.
3. Während die Arbeitszeit bis in die 1970er-Jahren noch ganz festgelegt war, haben wir heute in vielen Büros Gleitzeit.
4. Bei Gleitzeit kann man den Arbeitsbeginn relativ frei wählen.
5. Sogar einige Schulen praktizieren heutzutage in den unteren Klassen einen flexiblen Unterrichtsbeginn.
6. Dagegen müssen die Mitarbeiter in Krankenhäusern und auch in anderen Betrieben in Schichtarbeit arbeiten.
7. Die Vertrauensarbeitszeit, bei der nur die Erledigung eines Projekts die Arbeitszeit bestimmt, ist ein interessantes Modell.
8. Auf dem Vertrauen des Arbeitgebers basiert zum Teil auch die Arbeit im Homeoffice.
9. Obwohl man 1990 die Arbeitszeit in vielen Branchen auf 35 Stunden pro Woche reduziert hatte, müssen viele Angestellte heute 38–40 Stunden pro Woche arbeiten.
10. Da Fachkräfte dringend gesucht werden, bieten viele Branchen jetzt attraktivere Arbeitszeitmodelle an.

2a ein – machen – gemacht – spazieren – Hausaufgaben – müde – machen – zugemacht – lernen – gehabt

2b 1. Morgen findet die Begrüßung der neuen Abteilungsleiterin statt.
2. Zuerst wird sie uns vom Firmenchef vorgestellt.
3. Danach werden Snacks und Getränke serviert.
4. Bei ihrem Einstand trinken wir also während der Arbeitszeit Sekt.
5. Sie möchte gleich zu Beginn alle Mitarbeiter*innen kennenlernen.
6. Wir haben natürlich schon vorher Informationen über sie gesammelt.
7. Zu der ehemaligen Chefin hatten viele Kollegen und Kolleginnen großes Vertrauen gehabt.
8. Der Anfang ist deshalb wahrscheinlich für die neue Chefin schwer.
9. Am besten lassen wir die neue Chefin zuerst mal in Ruhe anfangen.

10. Wahrscheinlich werden alle sich dann schnell an sie gewöhnen.

2c 1. Mindestens einmal pro Jahr möchte ich ein großes Fest feiern.
2. Dann lade ich alle meine Freunde ein.
3. Nur einmal habe ich in einem Restaurant gefeiert.
4. Ich finde eine Feier zu Hause aber immer schöner.
5. Natürlich muss ich vorher einkaufen gehen.
6. Mir macht die Organisation aber viel Spaß.
7. Auf manchen Feiern hat ein Freund Klavier gespielt.
8. Das war selbstverständlich wunderbar.

3a Im Nebensatz steht das Verb **am Ende**. Das Subjekt steht direkt **hinter / nach** dem Konnektor.

3b wenn – während – weil – nachdem – obwohl – bevor – damit – als – seit – dass

3c 1. Seit ich an einem Sprachkurs **teilnehme**, hat sich mein Leben total verändert.
2. Bevor ich angefangen **habe**, musste ich zwar morgens früher aufstehen, aber ich musste abends keine Hausaufgaben machen.
3. Jetzt mache ich Übungen, während ich die Nachrichten im Internet **sehe**.
4. Als **ich** noch in die Schule ging, habe ich immer beim Fernsehen Hausaufgaben gemacht.
5. Ich bin sehr froh, obwohl der Kurs auch stressig **ist**.
6. Es ist aber sehr schön, dass ich im Kurs so viele neue Leute kennengelernt **habe**.
7. Auch die Lehrerinnen und Lehrer, bei denen **wir** Unterricht haben, sind sehr nett.
8. Wir bleiben sicher in Kontakt, wenn der Kurs vorbei **ist**.
9. Ich bin nämlich nicht sicher, ob ich einen zweiten Kurs bezahlen **kann**.
10. Ich spare schon Geld, damit das möglich **ist**.

# 3 Modalverben

1

| | | Position 2 | | Ende |
|---|---|---|---|---|
| 1 | Wir | möchten | in eine größere Wohnung | ziehen. |
| 2 | Unsere Freunde | wollen | uns beim Umzug | helfen. |
| 3 | Wir | müssen | erst eine bezahlbare Wohnung | finden. |
| 4 | Ich | kann | leider nur am Wochenende | suchen |
| 5 | An meiner Arbeitsstelle | darf | ich nicht im Internet | surfen. |

2a/b

| **Infinitiv** | können | müssen | wollen | dürfen | sollen |
|---|---|---|---|---|---|
| **ich** | kann | muss | will | darf | soll |
| **du** | kannst | musst | willst | darfst | sollst |
| **er, sie, es, man** | kann | muss | will | darf | soll |
| **wir** | können | müssen | wollen | dürfen | sollen |
| **ihr** | könnt | müsst | wollt | dürft | sollt |
| **sie/Sie** | können | müssen | wollen | dürfen | sollen |

2c 1. dürfen 2. müssen 3. kann 4. kann 5. können 6. wollen 7. wollen 8. kann 9. darf 10. muss

2d 1. soll 2. sollen 3. soll 4. sollen 5. sollen 6. sollen

3a ich möchte – du möchtest – er, sie, es, man möchte – wir möchten – ihr möchtet – sie / Sie möchten

3b 1. möchten 2. möchte 3. Möchtest 4. möchte 5. möchte – möchten 6. Möchtet – möchte

4 1. müssen 2. darf 3. dürfen – müssen 4. darf – muss 5. dürfen

5 1. 1 – 2. 2 – 3. 3 – 4. 2, 2 – 5. 1, 2 – 6. 3

6 1. Martin kann hervorragend Tango und Salsa **tanzen**.
2. Seine Freundin geht nicht gerne tanzen, sie **möchte** lieber gut essen gehen.
3. Leider hat Martin sich den Fuß verletzt und der Arzt hat gesagt, er **darf** jetzt nicht tanzen.
4. Der Arzt sagt, dass er nicht tanzen soll und dass er drei Wochen einen Verband tragen **soll**.
5. Er **darf** auch nicht schwimmen gehen.

7a/b

| **Infinitiv** | können | müssen | wollen | dürfen | sollen |
|---|---|---|---|---|---|
| **ich** | konnte | musste | wollte | durfte | sollte |
| **du** | konntest | musstest | wolltest | durftest | solltest |
| **er, sie, es, man** | konnte | musste | wollte | durfte | sollte |
| **wir** | konnten | mussten | wollten | durften | sollten |
| **ihr** | konntet | musstet | wolltet | durftet | solltet |
| **sie/Sie** | konnten | mussten | wollten | durften | sollten |

7c Ich wollte meine Stelle wechseln, denn ich musste auf meiner Stelle immer die gleichen Arbeiten machen. Ich konnte nichts Neues dazulernen und durfte auch nur wenig selbstständig arbeiten. Ich war unzufrieden, weil ich mein Fachwissen nicht verwenden konnte. Außerdem waren die Arbeitszeiten in dem Betrieb festgelegt. Wir konnten nicht in Gleitzeit arbeiten, sondern mussten jeden Tag von 8.30 bis 17 Uhr anwesend sein. Ich wollte gerne einen Betrieb mit modernen, familienfreundlicheren Arbeitszeiten finden. Ich wollte mich eine Woche später bei einem anderen Betrieb vorstellen. Dort durften die Angestellten im Homeoffice arbeiten, wenn sie wollten. Sie mussten nur einmal pro Woche im Büro sein, damit sie gemeinsame Besprechungen machen konnten. Ich wollte möglichst schnell meine Bewerbungsunterlagen dorthin schicken. Aber leider war ich krank und konnte mich nicht darum kümmern.

8 1. muss 2. möchte 3. konnte – musste 4. musste 5. durfte 6. wollten – durften 7. konnten – wollten

## 4 Perfekt

1a

| | | Position 2 | | Satzende |
|---|---|---|---|---|
| 1 | Ich | bin | schon in über 20 verschiedene Länder | gefahren. |
| 2 | Ich | habe | dort schon viele unterschiedliche Gerichte | ausprobiert. |
| 3 | In China | habe | ich Teigtaschen in vielen Variationen | gegessen. |
| 4 | Ich | bin | nach Südamerika, Russland und Nigeria | geflogen. |
| 5 | In Bolivien | habe | ich mindestens 20 verschiedene Kartoffelsorten | probiert. |
| 6 | In Russland | habe | ich den besten Wodka | getrunken. |

1b 1. weil ich zu ihm zum Essen gekommen bin.
2. das bis jetzt nur wenige Menschen auf der Welt gegessen haben.
3. die er aus Heuschrecken und Würmern hergestellt hat.
4. Wenn ich diesen Burger gegessen habe

1c Das Perfekt bildet man mit der konjugierten Form von *haben* oder *sein* und dem Partizip Perfekt. Die konjugierte Form von *haben* oder *sein* steht auf Position 2, das Partizip Perfekt steht am Ende des Satzes. Im Nebensatz steht am Satzende zuerst das Partizip Perfekt und dann die konjugierte Form von *haben* oder *sein*.

2a gefallen – wegfallen – verstehen – bestehen – beschreiben – aufschreiben – entgehen – weggehen – teilnehmen – aufnehmen – bearbeiten – mitarbeiten – zuhören – gehören – einkaufen – verkaufen – bestellen – ausstellen – hinlegen – zerlegen

2b

| regelmäßige Verben | | | |
|---|---|---|---|
| gearbeitet | mitgearbeitet | bearbeitet | programmiert |
| gehört | zugehört | gehört | passiert |
| gekauft | eingekauft | verkauft | informiert |
| gelegt | ausgestellt | bestellt | studiert |
| gestellt | hingelegt | zerlegt | funktioniert |

| unregelmäßige Verben | | |
|---|---|---|
| gefallen | weggefallen | gefallen |
| gestanden | | verstanden |
| | | bestanden |
| geschrieben | aufgeschrieben | beschrieben |
| gegangen | weggegangen | entgangen |
| genommen | teilgenommen | |
| | aufgenommen | |

2c denken, gedacht – kennen, gekannt – bringen, gebracht – rennen, gerannt – wissen, gewusst – brennen, gebrannt

2d 1. gehalten 2. abgefahren 3. organisiert 4. vergessen 5. verschickt 6. mitgenommen 7. gefragt 8. gebracht 9. getan 10. gelegen 11. gewusst 12. gegessen

3 1. aufgestanden, verpasst 2. gekommen 3. angefangen/begonnen 4. begonnen/angefangen 5. gesetzt 6. heruntergefallen 7. hergesehen 8. getan 9. geworden 10. gestellt

4a *Die Position wechselt:* einsteigen, kommen, fahren, laufen, sinken, verschwinden
*Die Situation wechselt:* aufwachsen, einschlafen, entstehen, sterben
*Es gibt keine Regel:* bleiben, sein

4b gehen – aufwachen – reisen – explodieren – steigen – aufstehen – einziehen

4c 1. bin 2. haben 3. ist 4. haben 5. haben 6. sind 7. habe 8. ist 9. haben 10. habe

5 Karl Marx ist 1818 in Trier zur Welt gekommen. Er hat von 1830–1835 das Gymnasium in Trier besucht. Mit 17 Jahren hat er das Abitur mit der Durchschnittsnote 2,4 abgelegt. 1836 hat sich Marx mit Jenny von Westfalen, der Schwester seines besten Freundes, verlobt. Von 1835–1841 hat er an den Universitäten Bonn und Berlin Jura studiert. 1843 haben Karl Marx und Jenny von Westfalen geheiratet und sind nach Paris gezogen. Dort hat Marx den Dichter Heinrich Heine kennengelernt. Aus politischen Gründen ist Marx nicht in Paris geblieben. Die preußische Regierung hat ihn gezwungen, Frankreich zu verlassen und Marx ist mit seiner Familie nach Brüssel umgezogen. Er hat nur drei Jahre in Brüssel gelebt. Nach der Februarrevolution 1848 hat er Brüssel verlassen und ist zunächst nach Paris und dann nach London gegangen. Marx ist 1883 in London gestorben.

6 1. habe 2. getroffen 3. gesehen habe 4. haben 5. ausgetauscht 6. unterhalten 7. hat 8. erinnert 9. haben 10. gesprochen 11. gemacht 12. haben 13. hat 14. überrascht 15. gemacht 16. hat 17. genommen 18. hat 19. interessiert 20. hat 21. haben 22. gefragt 23. hat 24. gesagt 25. entschieden 26. hat 27. ist 28. gewesen 29. hat 30. entwickelt 31. erwartet 32. haben 33. hat 34. geschrieben 35. hat 36. beantwortet 37. haben 38. gedacht 39. hat 40. angefangen 41. abgeschlossen 42. hat 43. hat 44. gelangweilt 45. hat 46. kennengelernt 47. haben 48. geheiratet 49. bekommen

## 5 Verben mit Dativ und Akkusativ

1a/b

| Das Kind lacht. | Die Waschmaschine wäscht die Kleidung. | Ich schenke meinem Sohn ein Fahrrad. |
|---|---|---|
| **Das Verb kann nur ein Subjekt haben** | **Das Verb kann ein Subjekt und ein Objekt haben** | **Das Verb kann ein Subjekt, ein Objekt und eine Person (= Dativ) haben** |
| weinen | hören | bezahlen |
| wachsen | lesen | bestellen |
| | sehen | vorlesen |
| | finden | leihen |
| | wissen | verkaufen |
| | | kaufen |
| | | geben |

1c *Beispiel:*
Der Studierende / Der Verkäufer / Mein Bruder empfiehlt den Freunden / einer Freundin / seinem Freund das Restaurant / die Pizza / das Buch / einen Teller Nudeln.
Die Nachbarin empfiehlt den Freunden / einer Freundin das Restaurant / die Pizza / das Buch / einen Teller Nudeln.
Die Nachbarin / Der Studierende / Der Verkäufer / Mein Bruder leiht den Freunden / einer Freundin viel Geld / das Buch.
Der Verkäufer / Mein Bruder / Der Studierende leiht seinem Freund viel Geld / das Buch.
Die Nachbarin / Der Studierende / Der Verkäufer / Mein Bruder kocht den Freunden / einer Freundin einen Teller Nudeln.
Der Studierende / Der Verkäufer / Mein Bruder kocht seinem Freund einen Teller Nudeln.
Mein Bruder / Der Studierende / Der Verkäufer kauft seiner Freundin das Buch /eine Pizza / einen Teller Nudeln. Die Nachbarin kauft den Freunden / einer Freundin das Buch / die Pizza / einen Teller Nudeln.

1d 1. b 2. b + c 3. b + c 4. a + c

2a antworten – danken – fehlen – folgen – glauben – gehören – helfen – passen – vertrauen – zuhören

2b/c

| **„Dativverb“** | **„normale“ Verben (= Nominativ und Akkusativ)** |
|---|---|
| Du antwortest mir. | Ich frage dich. |
| gefallen – helfen – zuhören – gehören – passen – fehlen | mögen – unterstützen – vermissen – hören – besitzen – probieren |

3a

| **Nominativ** | **Akkusativ** | **Dativ** |
|---|---|---|
| der/ein/mein Freund | den/einen/meinen Freund | dem/einem/meinem Freund |
| das/ein/mein Kind | das/ein/mein Kind | dem/einem/meinem Kind |
| die/eine/meine Managerin | die/eine/meine Managerin | der/einer/meiner Managerin |
| die/meine Geschwister (Pl.) | die/meine Geschwister | den/meinen Geschwistern |
| die/meine Autos (Pl.) | die/meine Autos | den/meinen Autos |

3b Ich helfe dem Kind, dem Freund, der Nachbarin, den Leuten, den Babys, dem Hausmeister.
Ich küsse das Kind, den Freund, die Nachbarin, die Leute, die Babys, den Hausmeister.

3c den Kindern: D – dem Partner: D – der Dame: D – den Freund: A – der Freundin: D – den Chefs: D – die Nachbarn: A – der Probandin: D – den Freunden: D

4 1. ein 2. Der 3. die 4. den 5. den 6. Vätern 7. die 8. ihrem 9. ein 10. der 11. den 12. die 13. die 14. die 15. den 16. keine 17. Die 18. den 19. der 20. den 21. Blumengeschäften 22. den

5 1. Wem? 2. Wen? 3. Wer? 4. Wem? 5. Wen? 6. Was? 7. Wem? 8. Was?

6 1. Der Mutter. 2. Den Schirm. 3. Dem Vater. 4. Mein Freund. 5. Meinem Freund. 6. Den Kindern. 7. Den/Einen Kuchen. 8. Meinen Bruder.

7 1 C – 2 H – 3 Ö – 4 R – 5 E, Lösungswort: CHÖRE

8 Nudeln sind inzwischen wahrscheinlich fast weltweit ein sehr beliebtes Essen. Eigentlich schmecken Nudeln allen Kindern. Aber auch Studierende lieben Nudeln, denn kaum ein anderes Essen kann man so schnell zubereiten! Und Nudeln sind ein billiges Gericht. Man kann täglich eine andere Soße dazu kochen, und schon hat man eine neue Variation. Es ist natürlich auch bequem, dass man viele fertig gekochte Soßen findet. Außerdem bietet jeder Supermarkt verschiedene Nudelformen an. In Italien empfehlen Restaurants ihren Gästen Pasta meistens als Vorspeise, in Deutschland sind Nudeln meistens ein Hauptgericht. Es gibt wohl so viele Nudel-Varianten, wie es Länder gibt. Leider bin ich kein guter Nudelkoch. Mir gelingen die Nudeln meistens nicht. Sie werden entweder hart oder matschig.

9 1. B + C 2. A + D 3. D 4. B + C

10 1. Ich kaufe **einen Audi**. Ich kaufe **meiner Tochter einen Audi**.

2. Ich leihe **ein Buch**. Ich leihe **dir ein Buch**.
3. Ich gebe **einen Rat**. Ich gebe **meinem Sohn einen Rat**.
4. Ich zeige **meine Zähne**. Ich zeige **der Zahnärztin meine Zähne**.
5. Ich verschenke **einen Blumenstrauß**. Ich schenke **meiner Frau einen Blumenstrauß**.

## 6 Artikel – Formen

1 1. In einer großen Stadt gibt es die meisten Verkehrsprobleme.
2. Die Straßen der Großstädte sind meist voll.
3. Mit dem Fahrrad ist man oft schneller, aber es ist gefährlich, weil es auf den meisten Straßen keinen speziellen Fahrradweg gibt.
4 Mit öffentlichen Verkehrsmitteln kommt man schnell an das Ziel.
5. Tagsüber hat man keine Probleme, aber nachts muss man lange auf den Bus oder die U-Bahn warten.

| | maskulin | | neutral | | feminin | | Plural | |
|---|---|---|---|---|---|---|---|---|
| | definit | indefinit negativ | definit | indefinit negativ | definit | indefinit negativ | definit | indefinit negativ |
| **Nominativ** | der | ein kein | das | ein kein | die | eine keine | die | – keine |
| **Akkusativ** | den | einen keinen | das | ein kein | die | eine keine | die | – keine |
| **Dativ** | dem | einem keinem | dem | einem keinem | der | einer keiner | den | – keinen |
| **Genitiv** | des | eines keines | des | eines keines | der | einer keiner | der | *(von + Dativ)* keiner |

2a 1. Ein 2. ein 3. einem 4. einer

2b 1. keine 2. keinen 3. keinem 4. keinen – kein

2c 1. Der 2. Den 3. Den 4. der

3 1. Heute habe ich **ein** tolles Auto gesehen.
2. Es war **kein** besonders teures Auto, aber es sah cool aus.
3. Gestern war ich im Kino in **einem** interessanten Film.
4. Ich bin mit **der** U-Bahn gefahren.
5. Der Stau war für mich **kein** Problem.

4 1. Sie hat heute einen Termin bei ihrer Chefin.
2. Ihre Chefin möchte sich über den Stand ihres Projekts informieren lassen.
3. Mittags war sie mit ihren Kollegen beim Essen.
4. Wie geht es euren Kindern? Fahrt ihr in eurem Urlaub wieder auf euren Campingplatz in Südfrankreich? Oder ist euer Sohn noch im Ausland?
5. Wir wollen unseren Urlaub wieder dort verbringen, unser Sohn weiß noch nicht, ob er mitkommen kann.

| | maskulin | neutral | feminin | Plural |
|---|---|---|---|---|
| **N** | mein/dein/sein/ i**hr**/uns**er**/eu**er** | mein/dein/sein/ ihr/unser/euer | meine/deine/seine/ i**hre**/unsere/eure | meine/deine/seine/ ihre/unsere/eure |
| **A** | meinen/deinen/seinen/ ihren/unser**en**/eu**ren** | mein/dein/sein/ ihr/unser/euer | meine/deine/seine/ ihre/unsere/eure | meine/deine/seine/ i**hre**/uns**ere**/eu**re** |
| **D** | meinem/deinem/seinem/ ihrem/unserem/eu**rem** | meinem/deinem/ seinem/ihrem/ unserem/eurem | meiner/deiner/seiner/ ihrer/unserer/eurer | meinen/deinen/ seinen/ ih**ren**/unseren/ eu**ren** |
| **G** | meines/deines/seines/ ihres/unseres/eures | meines/deines/seines/ ih**res**/unseres/eures | meiner/deiner/seiner/ ihrer/unserer/eurer | meiner/deiner/seiner/ ihrer/unserer/eurer |

5 euren – meinen/(unseren) – ihrer – unseren – deinen – meiner – Mein – seinen – seinen – euer – unseren

6 1. ihr 2. seine 3. ihre 4. seine

7 1. Hier sind zwei Modegeschäfte. Welches Geschäft kannst du mir empfehlen? – Ich finde dieses hier besser, in dem anderen sind die Verkäufer unfreundlich.
2. Welche Strümpfe sind aus Wolle, welche aus Kunstfasern? – Diese blauen Strümpfe sind aus reiner Wolle, diese weißen sind aus Polyester.
3. Mit welcher Karte kann ich hier bezahlen? – Mit dieser Karte nicht, nur mit einer Kreditkarte.

| | **maskulin** | | **neutral** | | **feminin** | | **Plural** | |
|---|---|---|---|---|---|---|---|---|
| | interrog. | demonstr. | interrog. | demonstr. | interrog. | demonstr. | interrog. | demonstr. |
| **N** | welcher | dieser | welches | dieses | welche | diese | welch**e** | dies**e** |
| **A** | welchen | diesen | welch**es** | dies**es** | welche | diese | welche | diese |
| **D** | welchem | diesem | welchem | diesem | welch**er** | dies**er** | welchen | diesen |
| **G** | welches | dieses | welches | dieses | welcher | dieser | welcher | dieser |

8 1. welchem – welchen 2. diesen – Welcher 3. welcher – dieser 4. Welches, 5. dieses – diesen

9 1. Ihrer 2. ein 3. die 4. dem 5. die 6. die 7. dem 8. meines 9. eine 10. mein 11. dem 12. der 13. die 14. Ihrer 15. einer 16. die 17. meiner 18. eine 19. einem

## 7 Pronomen

1 1. **Ich** liebe **dich** und gebe **dir** deshalb einen Kuss.
2. **Er** trifft **sie** viel häufiger als **uns**.
3. Könnt **ihr ihm** bitte auch von **uns** gratulieren?
4. **Sie** liebt das Baby und findet **es** süß.
5. Kannst **du mir** die Adresse von **ihnen** geben?
6. **Wir** möchten **Sie** einladen.
7. Kann **ich Ihnen** helfen?
8. **Mir** tut das Kind leid. **Ich** helfe **ihm**.
9. Mein Freund lässt **euch** grüßen.
10. **Ich** mag meine Geschwister und treffe **sie** oft.

| **Nominativ** | **Akkusativ** | **Dativ** |
|---|---|---|
| **ich** | mich | **mir** |
| du | **dich** | **dir** |
| **er** | ihn | **ihm** |
| **sie** | **sie** | ihr |
| es | **es** | **ihm** |
| wir | **uns** | **uns** |
| **ihr** | **euch** | euch |
| sie | **sie** | **ihnen** |
| Sie | **Sie** | **Ihnen** |

2 1. sie 2. ihn 3. ihm 4. es 5. sie 6. Sie 7. sie 8. ihnen 9. sie 10. Es 11. ihnen 12. sie 13. es 14. ihnen

3 1. Ja, ich sehe es.
2. Ja, es gehört ihm.
3. Ja, ich finde es gut.
4. Ja, ich habe ihn auch gesehen.
5. Ja, er trifft ihn.
6. Richtig! Er geht zu ihr.
7. Ja, ich glaube, er kennt sie.
8. Ja, sie will ihn auch treffen.
9. Ja, sie gibt ihm die Hand.

4 1. dir 2. dir 3. du 4. du 5. mir 6. mich 7. ihn 8. ihm 9. Er 10. du 11. uns 12. sie 13. sie 14. ihn 15. sie 16. sie 17. du 18. sie 19. ihnen 20. Mir 21. mir 22. mir 23. dich 24. dir

5 1. Du kaufst dir ein Auto.
2. Das Haus gehört ihr.
3. Die Lehrerin will mit ihnen die Prüfung besprechen und danach eine kleine Party für sie machen.
4. Der Friseur massiert ihm den Kopf und schneidet ihm die Haare. Er verwöhnt ihn.
5. Der Lehrer bekommt am Ende des Kurses Geschenke von uns. Er war ja auch immer nett zu uns und hat uns viel geholfen.
6. Der Chef macht mir einen Vorschlag. Er möchte mich befördern. Aber zuerst schickt er mich auf eine Dienstreise. Er will viel Engagement von mir sehen.

# 8 Reflexive Verben

1 1. Wir machen Urlaub, um **uns** zu erholen. (D)
2. Am Strand kann man **sich** am besten entspannen. (A)
3. Du freust **dich** schon lange auf den Urlaub. (E)
4. Die meisten Deutschen legen **sich** auch heutzutage noch in die Sonne. (B)
5. Ich frage **mich**, ob sie nicht wissen, dass das ungesund ist. (F)
6. Interessiert ihr **euch** auch nur für eine gebräunte Haut? (C)

2 1. Sie kämmt sie. 2. Sie zieht sich an. 3. Sie zieht sie an. 4. Sie kämmt sich.

3

| kann reflexiv und nicht reflexiv sein | rein reflexiv |
|---|---|
| sich ausziehen | sich interessieren |
| sich waschen | sich erholen |
| sich abtrocknen | sich freuen |
| sich fragen | sich verlaufen |
| sich vorstellen | sich beeilen |

4 1. sich – ihn 2. sie – mich 3. mich – sich – sie 4. ihn – sich

5 1. – 2. – 3. – 4. mich 5. mich 6. – 7. – 8. mich 9. – 10. mich 11. mich

6a Akkusativ, Dativ
1. Ich wasche mich. 2. Ich wasche mir die Hände.

6b Wenn im Satz ein Akkusativobjekt steht, steht das Reflexivpronomen im **Dativ**.

6c 1. mir 2. dich 3. mir 4. dich 5. mir 6. mich 7. dir 8. mich 9. dir 10. uns 11. mir

7

| Reflexivpronomen im Akkusativ | Reflexivpronomen im Dativ |
|---|---|
| sich freuen – Ich freue mich auf ... | sich etwas einbilden – Ich bilde mir ein ... |
| sich verlieben in – Ich verliebe mich in ... | sich etwas überlegen – Ich überlege mir ... |
| sich einigen auf – Wir einigen uns auf ... | sich etwas vornehmen – Ich nehme mir vor ... |
| sich interessieren für – Ich interessiere mich für ... | sich etwas wünschen – Ich wünsche mir ... |
| sich unterhalten über – Ich unterhalte mich über ... | sich etwas merken – Ich merke mir .... |
| sich beeilen – Ich beeile mich. | sich Zeit nehmen – Ich nehme mir Zeit ... |
| sich lohnen – Es lohnt sich. | sich etwas leisten – Ich leiste mir ... |
| sich erinnern an – Ich erinnere mich an ... | |

8 1. mir 2. mir 3. mich 4. mich 5. mir 6. mir 7. mir 8. mir 9. mir

9 1. Es ist kalt heute. Man kann *sich* (Personalpronomen / *Reflexivpronomen*) leicht erkälten. Du musst dir (Personalpronomen / Reflexivpronomen) unbedingt die Haare föhnen. Der Hund friert auch. Zieh ihm (Personalpronomen / Reflexivpronomen) eine Jacke an.
2. Wenn man eine Fremdsprache lernt, muss man sich (Personalpronomen / Reflexivpronomen) auch mit der Grammatik beschäftigen. Glücklicherweise erklären die Lehrerin und der Lehrer uns (Personalpronomen / Reflexivpronomen) die Grammatik gut. Aber die Wörter kann ich mir (Personalpronomen / Reflexivpronomen) immer schlecht merken.
3. Mein Schatz, was wünschst du dir (Personalpronomen / Reflexivpronomen) zu Weihnachten. Womit kann ich dir (Personalpronomen / Reflexivpronomen) eine Freude machen? Leider hast du dir (Personalpronomen / Reflexivpronomen) ja schon fast alles selbst gekauft und mir (Personalpronomen / Reflexivpronomen) fällt nichts mehr ein.
4. Beeil dich (Personalpronomen / Reflexivpronomen)! Heute kommt doch der neue Praktikant und du musst ihn (Personalpronomen / Reflexivpronomen) den Mitarbeitern vorstellen. Zeig dich (Personalpronomen / Reflexivpronomen) bitte von deiner besten Seite und zeig ihm (Personalpronomen / Reflexivpronomen) die ganze Abteilung.

# 9 Temporale Präpositionen

1a *keine Präposition:* Jahreszahlen (2024),
*im:* Jahreszeiten (Sommer, Frühling), Monate (Juli)
*am:* Tage (Sonntag), Tageszeiten (Vormittag), Daten (12.5.), Wochenende, Feierabend
*um:* Uhrzeiten (12 Uhr), Mitternacht

1b 1. – 2. im 3. Am 4. am 5. Am 6. am 7. am 8. Um 9. am 10. um 11. Am 12. um 13. am 14. um 15. am 16. am 17. Im 18. im 19. am 20. um

2a 1. ab / von 2. innerhalb 3. während 4. bis 5. seit 6. außerhalb 7. bei

2b Wir sind schon **seit** 2020 Kollegen und bald trennen sich unsere Wege **nach** vielen Jahren Zusammenarbeit. Aber wir machen eine Verabredung: Wir treffen uns – 2035 **am** ersten Sonntag **im** Monat Mai **um** 12.00 Uhr genau hier wieder. Dann können wir uns erzählen, was **zwischen** unserem Abschied und unserem Wiedersehen passiert ist. **Bei** unserem Treffen machen wir auch aus, ob wir uns dann **in** einem oder zwei oder drei Jahren wieder am gleichen Ort treffen.

3a

| mit Akkusativ | mit Dativ | mit Genitiv |
|---|---|---|
| um | ab, an, bis zu, bei, nach, seit, von, vor, während (ugs.) | außerhalb, innerhalb, während |

3b 1. Bei 2. meiner 3. vor 4. Jahren 5. in 6. Monaten 7. am 8. von 9. bis 10. am 11. an 12. jedem 13. zweiten 14. ab 15. um 16. in 17. den 18. letzten 19. Jahren 20. während 21. des 22. Kurses 23. von 24. bis 25. seit 26. Jahren 27. außerhalb 28. der

4a

| Zeitpunkt | Zeitraum |
|---|---|
| an, ab, um, vor, nach | außerhalb, bei, innerhalb, während, seit |

4b 1. a) Ich habe 2019 in der Firma angefangen.
b) Ich arbeite seit drei Jahren in der Firma.
2. a) Die Firma ist 2020 nach Köln gezogen.
b) Unser Standort ist seit vier Jahren Köln.
3. a) Er ist um 9 Uhr losgefahren.
b) Er ist innerhalb von 2 Stunden von Mainz nach Köln gefahren.
4. a) Sie können uns ab 8 Uhr erreichen.
b) Sie rufen außerhalb der Sprechzeiten an.
5. a) Ich habe vor 20 Jahren schwimmen gelernt.
b) Ich kann seit meiner Kindheit schwimmen.
6. a) Ich bin um 6 Uhr aufgewacht.
b) Ich bin seit zwei Stunden wach.

5 1. Er ist **vor** drei Stunden losgefahren und will schon **in** zwei Tagen zurückkommen.
2. Wenn ich mich **in** 30 Minuten nicht melde, rufen Sie die Polizei!
3. Wenn ich **vor** drei Tagen gewusst hätte, wie das Wetter hier ist! Ich glaube, ich fahre **in** zwei Tagen wieder nach Hause.
4. Ich muss **in** vier Tagen den Bericht abgeben. Das habe ich gerade **vor** zehn Minuten erfahren.

# 10 Präpositionen mit Dativ und Akkusativ

1a

| mit Akkusativ | mit Dativ |
|---|---|
| durch, für, gegen, ohne, um | aus, bei, mit, nach, seit, von, zu |

1b

| | maskulin | neutral | feminin | Plural |
|---|---|---|---|---|
| mit | **dem** Wagen | **dem** Auto | **der** U-Bahn | **den** Fahrrädern |
| aus | **dem** Garten | **dem** Haus | **der** Bahn | **den** Fenstern |
| für | **den** Chef | **das** Baby | **die** Kollegin | **die** Nachbarn |
| ohne | **den** Mantel | **das** Auto | **die** Jacke | **die** Freunde |
| von | **dem** Freund | **dem** Kind | **der** Kollegin | **den** Freunden |

1c ich – von **mir**
du – für **dich**
er – mit **ihm**
sie – zu **ihr**
es – ohne **es**
wir – bei **uns**
ihr – von **euch**
sie – mit **ihnen**
Sie – gegen **Sie**

1d 1. der 2. einen 3. eine 4. einer 5. bekannten 6. eine 7. meine 8. einem 9. kleinen 10. das 11. den 12. meinen 13. Freunden 14. Zum 15. meinem 16. einem 17. diesem

2a in – an – auf – unter – über – vor – hinter – neben – zwischen

2b

| | Präposition | Ich war ... (wo?) | Ich gehe ... (wohin?) |
|---|---|---|---|
| das Kino | in | im Kino | ins Kino |
| der Spiegel | vor | vor dem Spiegel | vor den Spiegel |
| der Strand | an | am Strand | an den Strand |
| der Sportplatz | auf | auf dem Sportplatz | auf den Sportplatz |
| die Garage | hinter | hinter der Garage | hinter die Garage |
| mein Freund (m) | neben | neben meinem Freund | neben meinen Freund |
| die Straße | über | über der Straße | über die Straße |

3 1. ins 2. über die 3. auf meinen 4. ins 5. auf dem 6. zur 7. im 8. am 9. auf einem 10. vor dem 11. auf die 12. durch den 13. Auf dem 14. im 15. unter den Sonnenschirmen 16. Neben der 17. in einem 18. anderen 19. für verschiedene 20. in dieser 21. an der 22. neben meine Kollegen 23. mit ihnen 24. zwischen fremden 25. aus anderen 26. Nach dem 27. am

## 11 Lokale Präpositionen

1a im Wohnzimmer, auf dem Sportplatz, beim Sport, am Strand, auf dem Sofa, im Bett, bei meinen Eltern, in Paris, zu Hause

1b ans Meer, auf einen hohen Berg, ins Gebirge, nach Rom, in die Schweiz, ins Ausland, zu meinen Freunden, nach Hause

1c vom Strand, aus meiner Heimat, aus Japan, von meiner Schwester, vom Arzt, aus dem Haus, aus dem Kino, von zu Hause (von zuhause)

2

| Ich fahre nach ... | Ich fahre in ... |
|---|---|
| Deutschland, China, Brasilien, Peru, Frankreich, Belgien, Taiwan, Saudi Arabien, Italien, Kanada, Kenia, Thailand, Argentinien, Uruguay, Namibia, Island, Georgien, Kolumbien, Spanien, Mexiko, Großbritannien | die Türkei, die Niederlande, den Sudan, die USA, den Irak, den Jemen, die Vereinigten Arabischen Emirate, die Schweiz, die Ukraine, die Mongolei, den Oman |

3 Ich komme **aus** Neapel, also **aus** Italien. Gerade eben komme ich **von** der Firma Sola **aus** meinem Büro. Wenn ich **von** der Arbeit komme, mache ich immer zuerst Sport. Wenn ich dann **von** dem Sport **aus** dem Fitnessstudio komme, bin ich wieder so fit, dass mich mein Nachbar schon gefragt hat, ob ich **aus** dem Urlaub komme.

4

| | Wohin? | | Woher? | |
|---|---|---|---|---|
| | **in** | **zu** | **aus** | **von** |
| das Kino | in das Kino / ins Kino | | aus dem Kino | |
| der Arzt | | zum Arzt | | vom Arzt |
| das Krankenhaus | in das Krankenhaus / ins Krankenhaus | | aus dem Krankenhaus | |
| das Gebäude | in das Gebäude / ins Gebäude | | aus dem Gebäude | |
| Ikea | | zu Ikea | | von Ikea |
| Tom | | zu Tom | | von Tom |
| die Universität | in die Universität | | aus der Universität | |
| mein Freund | | zu meinem Freund | | von meinem Freund |
| das Bett | in das / ins Bett | | aus dem Bett | |
| der Urlaub | in den Urlaub | | aus dem Urlaub | |
| die Arbeit | | zur Arbeit | | von der Arbeit |
| das Büro | in das / ins Büro | | aus dem Büro | |
| die Firma | in die Firma | | aus der Firma | |
| der Bäcker | | zum Bäcker | | vom Bäcker |
| die Bäckerei | in die Bäckerei | | aus der Bäckerei | |

5 1. in der 2. im 3. auf die 4. im 5. ins 6. auf den 7. in der 8. auf der 9. im 10. im 11. auf dem

6 1. beim 2. zum 3. zur 4. beim 5. zur 6. zu 7. bei 8. zu 9. bei

7 1. am 2. am 3. auf 4. meinem 5. Auf 6. dem 7. an 8. den 9. auf 10. den 11. am 12. auf 13. den 14. am 15. auf 16. das 17. an 18. den

8 1. Neben – am 2. neben – an 3. neben – an 4. Neben – am 5. am – neben 6. An – Neben 7. an – Neben

9 1. in 2. am 3. im 4. Unter meinem 5. im 6. im 7. Zwischen dem 8. dem 9. ins 10. zwischen mir 11. meinem 12. neben (vor) sie 13. an ihren 14. an einer 15. Hinter dem 16. vor (neben) der 17. Auf den

## 12 Adjektivdeklination

1a/b 1. Unsere netten Nachbarn haben drei süße Kinder: ein kleines Baby, einen kleinen Jungen und ein großes Mädchen.
2. Der kleine Junge spielt oft mit seinen kleinen Freunden in dem großen Garten.
3. Die kleine Tochter fährt mit ihrer besten Freundin mit einem gelbschwarzen Fahrrad um das Haus herum.
4. Das süße Baby sitzt auf der Terrasse und schaut den großen Geschwistern zu.

1b

<table>
<tr><th></th><th>maskulin</th><th>neutral</th><th>feminin</th><th>Plural</th></tr>
<tr><td>N</td><td>der kleine Mann<br>ein kleiner Mann<br>kein kleiner Mann</td><td rowspan="2">das kleine Haus<br>ein kleines Haus<br>kein kleines Haus</td><td rowspan="2">die kleine Frau<br>eine kleine Frau<br>keine kleine Frau</td><td rowspan="2">die kleinen Kinder<br>– kleine Kinder<br>keine kleinen Kinder</td></tr>
<tr><td>A</td><td>den kleinen Mann<br>einen kleinen Mann<br>keinen kleinen Mann</td></tr>
<tr><td>D</td><td>dem kleinen Mann<br>einem kleinen Mann<br>keinem kleinen Mann</td><td>dem kleinen Haus<br>einem kleinen Haus<br>keinem kleinen Haus</td><td>der kleinen Frau<br>einer kleinen Frau<br>keiner kleinen Frau</td><td>den kleinen Kindern<br>– kleinen Kindern<br>keinen kleinen Kindern</td></tr>
</table>

1c Nach Possessivartikeln (*mein, dein, sein, ihr, unser, euer ihr, Ihr*) hat das Adjektiv die gleiche Endung wie nach **kein**

1d

<table>
<tr><th></th><th>maskulin</th><th>neutral</th><th>feminin</th><th>Plural</th></tr>
<tr><td>N</td><td>der kleine Mann<br>ein kleiner Mann<br>kein kleiner Mann</td><td rowspan="2">das kleine Haus<br>ein kleines Haus<br>kein kleines Haus</td><td rowspan="2">die kleine Frau<br>eine kleine Frau<br>keine kleine Frau</td><td rowspan="2">die kleinen Kinder<br>– kleine Kinder<br>keine kleinen Kinder</td></tr>
<tr><td>A</td><td>den kleinen Mann<br>einen kleinen Mann<br>keinen kleinen Mann</td></tr>
<tr><td>D</td><td>dem kleinen Mann<br>einem kleinen Mann<br>keinem kleinen Mann</td><td>dem kleinen Haus<br>einem kleinen Haus<br>keinem kleinen Haus</td><td>der kleinen Frau<br>einer kleinen Frau<br>keiner kleinen Frau</td><td>den kleinen Kindern<br>– kleinen Kindern<br>keinen kleinen Kindern</td></tr>
</table>

1e 1. Kannst du am nächst**en** Dienstag?
Nein, tut mir leid, in der nächst**en** Woche kann ich leider gar nicht. Ich habe eine wichtig**e** Verabredung.
2. Heute ist ein ganz besonder**er** Tag. Heute ist mein letzt**er** Arbeitstag in meiner alt**en** Firma. Das möchte ich heute Abend mit meinen gut**en** Freunden feiern. Ein paar von meinen alt**en** Kolleginnen und Kollegen kommen auch dazu. In der nächst**en** Woche habe ich frei und danach beginne ich in der neu**en** Firma. Ich bin schon sehr gespannt auf meine neu**e** Arbeit und meine neu**en** Kolleginnen und Kollegen.
Wollen wir uns nächst**es** Wochenende einmal treffen? Ich könnte am früh**en** Abend, gegen 6 Uhr. Dann könntest du mir erzählen, wie du dich auf deine neu**e** Stelle beworben hast und wie dein neu**er** Chef ist. Ich überlege auch, mir eine besser**e** Stelle zu suchen.

2 1. kleinen 2. zerbrochenen 3. schmutzigen 4. kleinen 5. neuen 6. netten 7. kleinen 8. schicken 9. kleinen

3 1. 1. langen 2. langen 3. Lange;
2. 4. neue 5. alten 6. bunten 7. hellgrünen 8. hellen 9. weiße 10. graue 11. schwarze 12 dunkelblaue 13. eleganten

4 Wie findest du den blau**en** Rock und die grün**e** Bluse?
Ich finde die Kombination zu bunt. Der blau**e** Rock passt nicht zur grün**en** Bluse. Ich würde die blau-weiß**e** Bluse zum blau**en** Rock nehmen.
Ja, stimmt, das sieht sehr elegant aus.

5a Erlebnisreich**er** Urlaub an der Ostsee
Die bekannt**e** Ostseeinsel Rügen bietet alles für entspannt**e** Ferien am Meer. Die beeindrucken**de** Natur und das gesund**e** Seeklima tragen dazu bei, dass aus Ihrem Urlaub ein gelungen**es** Ferienerlebnis wird. Auf der Insel finden Sie traumhaft**e** Strände, berühmt**en** Kreidefelsen und geschichtlich interessant**e** Städte wie Sassnitz und Binz. An viel**en** verschieden**en** Orten auf der ganz**en** Insel können Sie passend**e** Fahrräder für Kinder, Jugendlich**e** und Erwachsen**e** mieten und auf gemütlich**en** Tagestouren die vielfältig**e**

Landschaft erkunden. Für telefonisch**e** Anfragen wenden Sie sich bitte an Herrn Schulte.

5b Urlaub in einem traumhaft**en** Panorama
Das größt**e** Gebirge Europas bietet gut ausgebaut**e** Wanderwege für Familien ebenso wie interessant**e**, herausfordernd**e** Klettertouren für sportlich**e** Menschen. Ein besonder**es** Erlebnis ist ein Urlaub in einer typisch**en** Hütte in den Alpen. Unsere traditionell**en** Hütten liegen ruhig und sonnig auf einer Höhe von 1700 Metern. Genießen Sie den atemberaubend**en** Blick auf die umliegend**en** Gipfel und verbringen Sie erholsam**e** Tage fern von der Hektik der groß**en** Städte.

6a 1. Singular 2. Singular/Plural 3. Singular 4. Plural 5. Singular/Plural 6. Singular

6b 1. der nett**e** Jugendlich**e** 2. ohne den nett**en** Jugendlich**en** 3. mit dem nett**en** Jugendlich**en** 4. ein nett**er** Jugendlich**er** 5. alt**e** Bekannt**e** 6. die alt**en** Bekannt**en** 7. für alt**e** Bekannt**e** 8. zu alt**en** Bekannt**en**

6c 1. Berufstätige 2. Angestellte 3. Angestellten 4. Selbstständigen 5. Selbstständige 6. Selbstständige 7. Jugendliche 8. Erwachsene 9. Gleichaltrigen

7 1.
- Hast du ein Geschenk für Julie gekauft? Hast du etwas Passend**es** gefunden?
- Ja, nichts Teur**es**, aber etwas sehr Besonder**es**: Ohrringe aus Papier.
- Ich finde, das Teuerst**e** muss nicht das Best**e** sein. Lieber etwas Interessant**es**. Das hat nicht jeder.

2.
- Mir ist gestern etwas Dumm**es** passiert. Ich habe meinen Autoschlüssel im Büro liegenlassen.
- Das ist doch nichts Neu**es**. Du vergisst doch dauernd etwas.

3.
- Du bist immer so negativ. Du musst auch das Positiv**e** sehen!
- Du hast schon recht, aber manchmal gibt es wirklich nichts Positiv**es**.

## 13 Komparation und *je ... desto*

1a 1. größer 2. schneller 3. länger 4. bequemer 5. kleiner 6. älter

1b Im Komparativ hat das Adjektiv immer die Endung: ***-er***. Manchmal hat das Adjektiv im Komparativ einen Umlaut.

1c

| ***-er*** | ***-er* + Umlaut** | ***-er* + ein „*-e-*" entfällt** |
|---|---|---|
| klein – kleiner – am kleinsten | | |
| heiß – heißer – am heißesten | | |
| schön – schöner – am schönsten | | |
| hell – heller – am hellsten | gesund – gesünder – am gesündesten | |
| ruhig – ruhiger – am ruhigsten | | |
| weit – weiter – am weitesten | warm – wärmer – am wärmsten | |
| gefährlich – gefährlicher – am gefährlichsten | kalt – kälter – am kältesten<br>stark – stärker – am stärksten | dunkel – dunkler – am dunkelsten |
| schwierig – schwieriger – am schwierigsten | schwach – schwächer – am schwächsten | flexibel – flexibler – am flexibelsten |
| schnell – schneller – am schnellsten | lang – länger – am längsten | teuer – teurer – am teuersten |
| aktiv – aktiver – am aktivsten | kurz – kürzer – am kürzesten | |
| wenig – weniger – am wenigsten | alt – älter – am ältesten | |
| locker – lockerer – am lockersten | jung – jünger – am jüngsten | |
| trocken – trockener – am trockensten | | |
| wichtig – wichtiger – am wichtigsten | | |
| laut – lauter – am lautesten | | |

2a 1. viel, mehr, am meisten 2. gern, lieber, am liebsten 3. gut, besser, am besten 4. nah, näher, am nächsten 5. hoch, höher, am höchsten 6. groß, größer, am größten

2b 1. lieber 2. näher 3. besser 4. mehr 5. höher

3 1. gesünder 2. anstrengender 3. lauter 4. länger 5. dunkler 6. kürzer

4 1. mehr – bessere 2. leichter – mehr 3. teurer 4. größeres – weniger 5. längeren 6. lieber

5 1. als 2. als 3. wie 4. als 5. wie 6. als

6 1. In guten Wohnvierteln ist es ruhiger als im Stadtzentrum.
2. An viel befahrenen Autobahnen ist es genauso laut wie an viel befahrenen Bahngleisen.
3. In den Großstädten ist die Wohnungsmiete höher als die Wohnungsmiete auf dem Land. / Die Wohnungsmiete in den Großstädten ist höher als die Wohnungsmiete auf dem Land.
4. Ein Tiger ist größer als eine Spinne. (Eine Spinne ist nicht so groß wie ein Tiger.)
5. Eine giftige Spinne ist genauso gefährlich wie ein Tiger.
6. Eine Tulpe ist genau so schön wie eine Rose.
7. Der Mond ist näher als der Mars.

7 1. kleiner – größer – am größten – die größte
2. kürzer – länger – am längsten – die längste
3. weniger – mehr – am meisten – das meiste

8 1. am wenigsten – den wärmsten / die wärmsten
2. am kürzesten – am kältesten 3. die stärksten
4. Das höchste 5. am wenigsten 6. der heißeste

9 1. als 2. wärmer 3. als 4. kalt 5. wie 6. hell 7. wie 8. dunkler 9. als 10. viel 11. wie 12. höhere 13. als 14. mehr 15. als 16. gern 17. wie Grönland

10a 1. größer 2. heißer 3. mehr 4. interessanter 5. besser
A höher B schmerzlicher C lieber D höher E teurer

10b 1 B – 2 D – 3 A – 4 E – 5 C

11 1. Je mehr Spaß die Arbeit macht, desto weniger jammert man.
2. Je mehr Spaß man bei der Arbeit hat, desto leichter fällt einem die Arbeit.
3. Je mehr Interesse man an der Arbeit zeigt, desto zufriedener ist der Chef oder die Chefin.
4. Je zufriedener die Mitarbeitenden sind, desto erfolgreicher arbeitet der Betrieb.
5. Je lockerer man bleibt, desto besser kommt man mit Kolleginnen und Kollegen klar.
6. Je positiver man über die Kolleginnen und Kollegen spricht, desto angenehmer ist das Arbeitsklima.
7. Je häufiger man lacht, desto entspannter kann man arbeiten.

12 1. unglücklicher 2. zufrieden 3. angenehm 4. nett 5. lieber 6. beste 7. neue 8. gute 9. kompetent 10. alte 11. alte 12. mehr 13. besser 14. unzufriedener 15. weniger 16. ungerechte 17. unangenehmste 18. ungerecht 19. mehr 20. bessere 21. älter 22. älter 23. schwieriger 24. gute 25. neue 26. unerträglicher 27. längeren 28. zufrieden / zufriedener 29. gutes 30. wichtig / am wichtigsten 31. wichtiger

## 14 Temporale und finale Nebensätze

1 1a. Wenn 1b. Als 2a. Wenn 2b. Als 2c. Wenn 3a. Wenn 3b. Als 4a. Wenn 4b. Als/Wenn 4c. Wenn

2 Richtige Konjunktionen: 1. Als 2. wenn 3. wenn 4. wenn 5. Als 6. als 7. Als 8. wenn 9. als 10. Als 11. wenn 12. wenn 13. wenn 14. wenn 15. Wenn

3 1. **Als** ihre Tochter geboren wurde, waren die Eltern sehr glücklich.
2. Wenn das Kind nachts schrie, **wurden** sie nicht ungeduldig.
3. Sie machten viele Fotos und schickten sie ihren Freunden und Verwandten, **als** das Baby mit sechs Wochen anfing zu lächeln.
4. Jedes Mal wenn das Baby **lächelte**, waren alle begeistert von dem bezaubernden Lächeln.
5. Aber auch wenn es schrie, **fanden** alle das Baby süß.
6. **Als** das Baby sieben Monate alt wurde, lächelte es nur noch für seine Eltern und besonders gute Bekannte.

4 1. gehabt hatte 2. muss 3. erledigt hat 4. musste 5. gewechselt hatte

5 1. Während ich die Schule besucht habe, habe ich an dem Programm „Schüler helfen Schülern" aktiv teilgenommen.
2. Nachdem ich die Schule mit dem mittleren Schulabschluss beendet hatte, habe ich Praktika in verschiedenen Branchen gemacht.
3. Bevor ich mich für eine Richtung entscheiden muss, will ich verschiedene Arbeitsbereiche kennenlernen.
4. Nachdem ich ein Praktikum in einer IT-Abteilung gemacht hatte, war ich von der Arbeit mit Computern begeistert und habe mich um eine Ausbildungsstelle beworben.
5. Während ich in der Firma meine Ausbildung gemacht habe, habe ich schon ein Gehalt bekommen, von dem ich leben konnte.
6. Seit/Seitdem ich die Ausbildung abgeschlossen habe, habe ich eine interessante Position in der Firma.

6 1. Um den Berufsverkehr zu vermeiden, fahre ich immer schon sehr früh zur Arbeit. / Ich fahre immer schon sehr früh zur Arbeit, um den Berufsverkehr zu vermeiden.

2. Um fit zu bleiben, läuft sie über die Treppe zum Büro im 4. Stock. / Sie läuft über die Treppe zum Büro im 4. Stock, um fit zu bleiben.
3. Um über die Arbeit im Projekt informiert zu sein, macht der Chef jede Woche ein Meeting. / Der Chef macht jede Woche ein Meeting, um über die Arbeit im Projekt informiert zu sein.
4. Um die Kinder aus der Kita abholen zu können, beendet er seine Arbeit immer um 16.30 Uhr. / Er beendet seine Arbeit immer um 16.30 Uhr, um die Kinder aus der Kita abholen zu können.

7 1. Man muss sich weiterbilden, um bessere Chancen im Job zu haben.
2. Sie hört Musik mit Kopfhörer, damit die Kolleginnen und Kollegen sich nicht beschweren.
3. Ich habe im Team Geld eingesammelt, damit wir einer Kollegin ein Geburtstagsgeschenk kaufen können.
4. Die Firma veranstaltet jedes Jahr eine Betriebsfeier, damit die Mitarbeiter und Mitarbeiterinnen sich besser kennenlernen.
5. Selbstständige müssen eine private Versicherung abschließen, um im Alter eine Rente zu bekommen.

8 1. damit 2. weil 3. damit 4. weil 5. weil 6. damit

9 1. Seit 2. Bevor 3. Nachdem 4. weil 5. damit 6. Während 7. weil 8. Nachdem 9. damit

## 15 Satzverbindungen

1a *Nebensatzkonnektor:* wenn, dass, weil, ob, obwohl
*Hauptsatzkonnektor Position 1:* dann, danach, sonst, deshalb
*Hauptsatzkonnektor Position 0:* denn, und, oder, aber

1b 1. Es ist interessant, dass Angestellte ihre Mittagspause sehr unterschiedlich verbringen.
2. Es spielt natürlich eine Rolle, ob das Wetter gut oder schlecht ist.
3. Viele verlassen in der Mittagspause auf jeden Fall das Gebäude, denn sie wollen sich unbedingt bewegen.
4. Bewegung ist natürlich gut, aber es bleibt dann nicht mehr viel Zeit zum Essen.
5. Ich möchte mittags etwas Warmes essen, deshalb gehe ich meistens in die Kantine.
6. Das Essen in der Kantine ist lecker und gesund, aber es ist meistens nicht ganz billig.
7. Einige Kollegen bringen sich Essen von zu Hause mit, wenn sie Reste vom Vortag haben.
8. Ein gutes warmes Mittagessen ist gesund, danach ist man oft sehr müde.
9. Auf jeden Fall sollte man mittags etwas essen, sonst kann man am Nachmittag nicht gut arbeiten.

2 1. Ich finde es schön, wenn **ich** zum Geburtstag viele Glückwunschkarten bekomme.
2. Immer wenn ich in England Urlaub gemacht **habe**, war ich von den vielen Geschäften mit Karten fasziniert.
3. Dass man einen schönen Text auf die Karte **schreibt**, ist natürlich wichtig.
4. Aber noch wichtiger ist vielleicht, dass **das Bild** schön oder lustig ist.
5. Viele Mitarbeiter freuen sich darüber, wenn die Firma ihnen eine Geburtstagskarte **schickt**.
6. Leider gratulieren heute viele nur noch elektronisch, weil es schneller geht und bequemer **ist**.

3 1. Dürfte ich wissen, ob wir jetzt Fragen stellen können?
2. Es würde mich interessieren, woher sie ihre Informationen haben.
3. Wissen Sie vielleicht, wann die Statistik erstellt wurde?
4. Es würde mich interessieren, ob die Situation in ihrer Heimat ähnlich ist.
5. Darf ich fragen, seit wann sie sich mit dem Thema beschäftigen?
6. Würden Sie mir sagen, ob sie diese exzellente Präsentation schon öfter gehalten haben?

4 1. wenn 2. ob 3. wenn 4. ob 5. ob 6. wenn 7. wenn

5 1. Ich gehe zum Arzt, weil ich krank bin. Ich gehe zum Arzt, denn ich bin krank. Ich bin krank, deshalb gehe ich zum Arzt.
2. Ich treibe Sport, weil ich fit bleiben möchte. Ich treibe Sport, denn ich möchte fit bleiben. Ich möchte fit bleiben, deshalb treibe ich Sport.
3. Er macht einen Sprachkurs, weil er Deutsch lernen muss. Er macht einen Sprachkurs, denn er muss Deutsch lernen. Er muss Deutsch lernen, deshalb macht er einen Sprachkurs.
4. Ich bringe das Kind ins Bett, weil es müde ist. Ich bringe das Kind ins Bett, denn es ist müde. Das Kind ist müde, deshalb bringe ich es ins Bett.

6 1. denn 2. dann 3. denn 4. dann 5. denn 6. dann

7 1a. Ich bin nervös, weil ich morgen meine Abschlussprüfung ablege.
1b. Ich bin nervös, denn ich lege morgen meine Abschlussprüfung ab.

2a. Aber ich freue mich, weil ich nach vielen Jahren mit der Schule aufhöre.
2b. Aber ich freue mich, denn ich höre nach vielen Jahren mit der Schule auf.
3a. Aber ich habe keine Pause, weil ich nächsten Monat einen neuen Job anfange.
3b. Aber ich habe keine Pause, denn ich fange nächsten Monat einen neuen Job an.
4a. Im kommenden Monat werde ich keine Zeit haben, weil ich mich auf den Job vorbereite.
4b. Im kommenden Monat werde ich keine Zeit haben, denn ich bereite mich auf den Job vor.
5a. Die meisten Mitschüler machen es anders als ich, weil sie erst einmal weit wegfahren.
5b. Die meisten Mitschüler machen es anders als ich, denn sie fahren erst einmal weit weg.
6a. Aber ich bin nicht neidisch, weil ich mir meinen ersten Job sehr spannend vorstelle.
6b. Aber ich bin nicht neidisch, denn ich stelle mir meinen ersten Job sehr spannend vor.

8 1. dass 2. Deshalb 3. wenn 4. denn 5. weil 6. oder – Dann 7. und – sonst

## 16 Relativsätze

1a 1. D (G, J, L) – 2. B (H) – 3. C (E, F, I) – 4. A (E,F,K) – 5. G (J, L) – 6. H (L) – 7. E (C, F) – 8. F – 9. J (G,L) – 10. L (H) – 11. I (E,F) – 12. K (A,E,F)

1b

| | maskulin | neutral | feminin | Plural |
|---|---|---|---|---|
| **Nominativ** | der | das | die | die |
| **Akkusativ** | den | das | die | die |
| **Dativ** | dem | dem | der | denen |

1c 1. Ich treffe heute einen Freund, den ich schon lange kenne. (*kennen* + Akkusativ)
2. Katja ist eine Freundin, der ich oft helfe. (*helfen* + Dativ)
3. Mario und Lena sind Menschen, die ich sehr gerne mag. (*mögen* + Akkusativ)
4. Lionel, den ich oft besuche, habe ich bei der Arbeit getroffen. (*besuchen*+ Akkusativ)
5. Sie sind Freundinnen, denen ich immer aus dem Urlaub schreibe. (*schreiben* + Dativ)

1d 1. Frau Pilz, die in der Wohnung unter mir wohnt, ist meine liebste Nachbarin. / Frau Pilz ist meine liebste Nachbarin, die in der Wohnung unter mir wohnt.
2. Sie hat einen Kater, den ich manchmal füttere.
3. Ein anderer Nachbar ist Steve, der oft mit seiner Frau in Urlaub fährt.
4. Im zweiten Stock wohnen ältere Leute, denen ich oft schwere Einkaufstüten nach oben trage.
5. Die junge Familie neben mir hat ein neues Baby, das ich manchmal schreien höre.

1e 1. den 2. der 3. der 4. der 5. die 6. die 7. denen 8. denen

2a 1. D – 2. A – 3. B – 4. C

2b Wenn zum Verb im Relativsatz eine Präposition gehört, steht die Präposition **vor** dem Relativpronomen. Ob das Relativpronomen im Akkusativ oder Dativ steht, hängt von **der Präposition** ab.

2c 1. das 2. denen 3. der 4. dem 5. der – dem 6. den 7. das

3 1. Man kann auf vielen Wegen einen Job finden. Ein Weg, **den** die meisten Leute gehen, ist die Suche im Internet.
2. Im Internet gibt es nicht nur Webseiten, **auf denen** man Stellenanzeigen findet, sondern auch soziale Netzwerke, in **denen** sich Jobsuchende präsentieren können.
3. Eine andere Methode, die schon viel Erfolg gebracht hat, ist die Methode „Vitamin B“. / Eine andere Methode ist die Methode „Vitamin B“, **die** schon viel Erfolg gebracht hat. B bedeutet „Beziehung“.
4. Eine Stelle durch Vitamin B finden bedeutet also, dass eine Person, **die** von einer freien Stelle weiß, mich einer Firma empfiehlt.
5. Außerdem gibt es noch die Agentur für Arbeit, **die** es in jeder Stadt gibt.
6. Eine Bewerbung bei einer Firma, **die** offiziell gar kein Personal sucht, heißt Initiativbewerbung.

# 17 Verben mit festen Präpositionen

1 1. H – 2. A – 3. J – 4. I – 5. C – 6. G – 7. F – 8. B – 9. D – 10. E

2 informieren über: Worüber? Über wen?
sich entscheiden für: Wofür? Für wen?
anfangen mit: Womit? Mit wem?
verlassen auf: Worauf? Auf wen?
sich erinnern an: Woran? An wen?
fragen nach: Wonach? Nach wem?
träumen von: Wovon? Von wem?

3a 1. Über wen beschwert sie sich?
2. Von wem erzählt er?
3. An wen denken sie viel?
4. Mit wem unterhaltet ihr euch selten?
5. Bei wem entschuldigt sie sich?

3b 1. Worauf müsst ihr lange warten?
2. Worüber werdet ihr leider nicht informiert?
3. Wonach müsst ihr euch erkundigen?
4. Womit müsst ihr rechnen?
5. Worin liegt das Problem?

3c 1. a) Mit wem hältst du eine Präsentation über Angebote für den Skiurlaub?
b) Worüber haltet ihr eine Präsentation?
2. a) Mit wem hast du dich auf den Termin vorbereitet?
b) Worauf hast du dich zusammen mit ihm vorbereitet?
3. Wovor hast du ein bisschen Angst?
4. Auf wen kannst du dich immer verlassen?
5. Woran ist er gewöhnt?
6. a) Bei wem wirst du dich mit einer Flasche Wein für seine Unterstützung bedanken?
b) Womit wirst du dich bei ihm bedanken?
c) Wofür wirst du dich bei ihm mit einer Flasche Wein bedanken?

4 1a Ich freue mich auf / über die Ferien.
1b Ich freue mich darauf / darüber, dass es Ferien gibt.
2a Ich träume davon, eine Weltreise zu machen.
2b Ich träume von einer Weltreise.
3a Ich entschuldige mich bei den Nachbarn für den Lärm am Samstagabend.
3b Ich entschuldige mich bei den Nachbarn dafür, dass es Samstagabend so laut war.

5 1. Ich erinnere mich daran, wie ich ihn zum ersten Mal gesehen habe.
2. Wir haben uns darüber unterhalten, wie wir das Leben in Berlin finden.
3. Er hat sich dafür entschuldigt, dass er nicht gut Deutsch spricht.
4. Ich interessiere mich nicht dafür, ob er Fehler im Deutschen macht.
5. Ich habe darauf gewartet, dass er mich zum Tanzen auffordert.

6a 1. daran 2.über 3. über 4. von 5. mit 6. auf 7. daran

6b 1. Ja, ich denke meistens daran. / Nein, ich denke meistens nicht daran.
2. Ja, ich ärgere mich oft über sie / Nein, ich ärgere mich nicht oft über sie.
3. Ja, ich diskutiere gerne darüber. / Nein, ich diskutiere nicht gerne darüber.
4. Ja, ich fühle mich davon abhängig. / Nein, ich fühle mich nicht davon abhängig.
5. Ja, ich streite manchmal mit ihnen. / Nein, ich streite nicht mit ihnen.
6. Ja, ich kann leicht darauf verzichten. / Nein, ich kann nicht leicht darauf verzichten.
7. Ja, ich kann mich daran erinnern. / Nein, ich kann mich nicht daran erinnern.

7
- Niemand konnte damit **rechnen**, dass es so schnell anfängt zu regnen.
- Ich habe dich aber davor **gewarnt**, dass das Wetter schlecht wird. **Erinnerst** du **dich** nicht mehr daran?
- **Beklag** dich nicht darüber, das hilft nicht. **Such** lieber nach einem Taxi.
- **Kümmer** du dich doch darum, dass wir schnell ein Taxi finden. Aber du musst den Taxifahrer erst nach dem Preis **fragen**, ich habe nicht viel Geld bei mir.
- Auf dich kann man sich nie **verlassen**!
- Das nächste Mal musst du halt daran **denken**, einen Regenschirm mitzunehmen.

8 1. Womit beschäftigst du dich gerade? – Ich beschäftige mich **damit**, die Dateien herunterzuladen.
2. Er bittet die Kollegin **darum**, dass sie ihn diese Woche unterstützt.
3. Sie hat ihn **zu** ihrem Geburtstag eingeladen.
4. Sie hat nicht **daran** gedacht, den Computer runterzufahren.
5. Bitte denk noch einmal **darüber** nach, was wir der Kollegin zum Geburtstag schenken können.

9

| | an | auf | bei | für | mit | über | von | vor | zu |
|---|---|---|---|---|---|---|---|---|---|
| sich unterhalten | | | | | × | × | | | |
| teilnehmen | × | | | | | | | | |
| sich interessieren | | | | × | | | | | |
| anfangen | | | | | × | | | | |
| sich vorbereiten | | × | | | | | | | |
| sich freuen | | × | | | | × | | | |
| sich bedanken | | | × | × | × | | | | |
| eine Präsentation | | | | | | × | | | |
| erzählen | | | | | | × | × | | |
| verzichten | | × | | | | | | | |
| sich gewöhnen | × | | | | | | | | |
| sich erinnern | × | | | | | | | | |
| sich beschweren | | | × | | | × | | | |
| streiten | | | | | × | × | | | |
| sich entschließen | | | | × | | | | | × |
| Angst haben | | | | | | | | × | |
| beitragen | | | | | | | | | × |
| sich beklagen | | | | | | × | | | |

10 Letzten Freitag haben wir uns in der Kantine **mit** den Kolleginnen und Kollegen **über den** Urlaub unterhalten. Ein Kollege hat im Urlaub **an** einem Tiefsee-Tauchkurs teilgenommen. Er interessiert sich sehr **für** Fische und andere Meerestiere und hat schon vor ein paar Jahren **mit dem** Tauchen angefangen. Er hat sich mehrere Monate **auf den** Kurs vorbereitet, indem er regelmäßig im Schwimmbad trainiert hat. Wir haben ihm zum Geburtstag ein Buch über die Tiefsee geschenkt. **Darüber** hat er sich sehr gefreut und sich **mit** selbst gebackenem Kuchen **bei** uns bedankt. Er hat im Urlaub viele Fotos gemacht und will uns demnächst eine Präsentation **über** die Geheimnisse der Tiefsee zeigen.
Eine andere Kollegin hat uns **von** ihren Plänen für den Urlaub erzählt. Sie geht im Herbst für drei Wochen in ein buddhistisches Kloster. Natürlich muss sie dort **auf** vieles verzichten, aber sie hat es schon einmal gemacht und meint, man gewöhnt sich schnell **daran**. Sie erinnert sich noch gut **an das** letzte Mal, als sie dort mit einer Freundin war. Die Freundin konnte sich nicht **an das** einfache Leben gewöhnen und hat sich ständig **über** alles beschwert. Sie hat in diesem Urlaub viel **mit** ihr gestritten. Deshalb hat sie sich **dazu** entschlossen, dieses Mal alleine zu fahren.
Sie hat keine Angst **davor**, alleine zu sein und freut sich schon sehr **auf** diese Zeit.
Ich konnte **zu** diesem Gespräch nicht viel beitragen. Meine Urlaubspläne sind nicht so beeindruckend, keine Tiefsee, kein Kloster. Wir fahren nur 100 Kilometer weit, übernachten auf dem Campingplatz, schwimmen im See und entspannen. Ich beklage mich nicht **darüber**. Wir werden bestimmt einen wunderbaren Urlaub mit den Kindern haben, aber es gibt nicht so viel **davon** zu erzählen.

## 18 Konjunktiv 2

1 1. C – 2. A – 3. B – 4. E – 5. A – 6. D – 7. D – 8. B

2a 1. ich wäre 2. ich hätte 3. ich müsste 4. du solltest 5. wir könnten 6. er dürfte 7. ich wollte 8. ich würde fliegen 9. er würde essen 10. es würde geben 11. ihr würdet sprechen 12. du würdest kaufen 13. sie würde schlafen 14 wir würden gehen 15. sie / Sie würden einkaufen

2b Konjunktiv 2 aller Verben – außer *haben*, *sein* und den Modalverben – bildet man mit ***würde* + Infinitiv**.

3 1. Wo wärst du jetzt lieber? 2. Was hättest du lieber? 3. Wohin würdest du lieber fahren? 4. Was hättest du lieber? 5. Wann würdest du lieber leben? 6. Was wärst du lieber? 7. Was hättest du lieber? 8. Was würdest du jetzt lieber essen? 9. Wo würdest du lieber wohnen? 10. Was würdest du am Wochenende lieber machen?

4 1. wäre ... – 2. hätte ... – 3. könnte ... gehen – 4. wären ... – 5. hätten ... – 6. würde ... gehen – 7. würde ... arbeiten – 8. wären ... – 9 könnte ... machen – 10. wollte – 11. wären ... – 12. würden ... treffen – 13. würden ... unternehmen – 14. würde ... arbeiten – 15 wäre

5 1. Ich hätte gerne eine Information.
2. Könnten Sie mir eine Auskunft geben?
3. Dürfte ich Ihr Handy benutzen?
4. Würden Sie mir helfen?
5. Könnte / Dürfte ich das Fenster öffnen?
6. Sie müssten mir noch den Vertrag schicken.

6 1. Wenn meine Nachbarinnen und Nachbarn nachts immer laut wären, würde ich mich beschweren.
2. Wenn ich Zahnschmerzen hätte, würde ich zum Zahnarzt gehen.
3. Wenn ich Fieber hätte, würde ich im Bett bleiben.
4. Wenn es regnen würde, würde ich nicht spazieren gehen.
5. Wenn meine Mutter zu Besuch wäre, würde ich nicht allein ins Kino gehen.
6. Wenn ich nicht schwimmen könnte, würde ich nicht ins Schwimmbad gehen.
7. Wenn ich zur Arbeit gehen müsste, würde ich nicht zu Hause bleiben.

## 19 Passiv

1 1. Sie malt ein Bild. – 2. Ein Bild wird gemalt. – 3. Phil räumt das Geschirr weg. – 4. Das Geschirr wird weggeräumt.

2 Man bildet das Passiv mit der konjugierten Form von ***werden* + Partizip Perfekt**.
ich werde – du wirst – er/es/sie/man wird – wir werden – ihr werdet – sie/Sie werden

3 1. ich werde befragt 2. du wirst abgeholt 3. das Zeugnis wird anerkannt 4. man wird freundlich empfangen 5. er wird rechtzeitig informiert 6. das private Chatten wird verboten 7. wir werden unterstützt 8. ihr werdet gerufen 9. die Probleme werden vermieden 10. Bargeld wird nicht akzeptiert

4a Meist wird England als Mutterland des Fußballs genannt. Aber schon vor mehr als 3000 Jahren wurde in China ein Spiel gespielt, bei dem ein Ball mit dem Fuß gestoßen wurde. Auch in Amerika wurden viele verschiedene Ballspiele gespielt. Die Entwicklung des modernen Fußballs ging aber von England aus. Nachdem im 19. Jahrhundert dort Regeln für den Fußball entwickelt worden waren, wurden erste Länderspiele (z. B. England-Schottland) ausgetragen und das Spiel wurde von Engländern auch in Kontinentaleuropa eingeführt. Das Fußballspielen war lange Männersache. Erst 1970 ist es Frauen in Deutschland erlaubt worden, an Spielen des Deutschen Fußballbundes teilzunehmen. Seitdem sind in Deutschland viele Frauenmannschaften gegründet worden.

4b *Präsens:* wird genannt
*Präteritum:* wurde gespielt – wurde gestoßen – wurden gespielt – wurden ausgetragen – wurde eingeführt
*Perfekt:* ist erlaubt worden – sind gegründet worden
*Plusquamperfekt:* entwickelt worden waren

5 1. werde gefragt 2. bedient wird 3. wurde angeboten 4. wurde serviert 5. werden gebacken 6. werden fotografiert 7. gefragt worden 8. fotografiert werden dürfen 9. wurde/wird veröffentlicht 10. wirst aufgefordert

6a

| ausgeschaltet | gelöscht | heruntergefahren |
|---|---|---|
| eingegeben | gereinigt | eingesteckt |
| geschüttet | geladen | angeschlossen |

6b 1. Der Computer wurde ausgeschaltet. / Der Computer ist ausgeschaltet worden.
2. Die Datei wurde gelöscht. / Die Datei ist gelöscht worden.
3. Der Computer wurde nicht richtig heruntergefahren. / Der Computer ist nicht richtig heruntergefahren worden.
4. Das Passwort wurde falsch eingegeben. / Das Passwort ist falsch eingegeben worden.
5. Die Tastatur wurde gereinigt. / Die Tastatur ist gereinigt worden.
6. Der USB-Stick wurde falsch eingesteckt. / Der USB-Stick ist falsch eingesteckt worden.
7. Eine Cola wurde über die Tastatur geschüttet. / Eine Cola ist über die Tastatur geschüttet worden.
8. Der Laptop wurde nicht geladen. / Der Laptop ist nicht geladen worden.

9. Der Drucker wurde falsch angeschlossen. / Der Drucker ist falsch angeschlossen worden.

7 1 b – 2 b – 3 a – 4 b – 5 a

8 1. Er ist gestern wegen der lauten Musik während der Party angezeigt worden.
2. Die Tasche wurde hier im Raum liegengelassen.
3. Als ich bei Rot über die Ampel gefahren bin, bin ich geblitzt worden.
4. Er ärgert sich, weil seine Zeugnisse in Deutschland nicht anerkannt werden.
5. Ich habe gehört, dass von dem neuen Buch schon eine halbe Million Exemplare verkauft worden sind.
6. Der lange gesuchte Juwelendieb ist gestern verhaftet worden.
7. Leider werden im Internet falsche Nachrichten verbreitet.

9a Präsens: Modalverb im Präsens + **Partizip Perfekt** + ***werden* (im Infinitiv)**
Präteritum: **Modalverb im Präteritum** + Partizip Perfekt + ***werden* (im Infinitiv)**

9b 1. Warum musste der Arzt gerufen werden?
3. Warum musste der Mann mit Blaulicht in die Klinik eingeliefert werden?
4. Warum musste der Mann drei Tage lang beobachtet werden?
5. Warum konnte der Mann nicht von dem berühmten Spezialisten operiert werden?
6. Warum kann er erst in zwei Wochen in die Reha entlassen werden?
7. Warum will er in einer Rehaklinik an der Nordsee weiterbehandelt werden?

9c 1. Ich weiß auch nicht, warum der Arzt gerufen werden musste.
2. Ich weiß auch nicht, warum der Mann vom Notarzt untersucht werden musste.
3. Ich weiß auch nicht, warum der Mann mit Blaulicht in die Klinik eingeliefert werden musste.
4. Ich weiß auch nicht, warum der Mann drei Tage lang beobachtet werden musste.
5. Ich weiß auch nicht, warum der Mann nicht von dem berühmten Spezialisten operiert werden konnte.
6. Ich weiß auch nicht, warum er erst in zwei Wochen in die Reha entlassen werden kann.
7. Ich weiß auch nicht, warum er in einer Rehaklinik an der Nordsee weiterbehandelt werden will.

10 1. Die Getränke sind gestern besorgt worden.
2. Dummerweise sind die Gläser vergessen worden.
3. Deshalb müssen heute Plastikbecher gekauft werden.
4. Das führt dazu, dass morgen mehrere Säcke mit Plastikmüll entsorgt werden müssen.
5. Gestern mussten die Nachbarn informiert werden, damit sie sich nicht beschweren.
6. Die Tische und Stühle müssen noch gestellt werden.
7. Nachdem die Musikanlage gebracht worden ist, wird sie aufgebaut.
8. Die Musik darf nicht so laut angestellt werden, sonst gibt es Ärger mit den Nachbarn.
9. Der Raum muss morgen geputzt und aufgeräumt werden.

11 1. Die Müllentsorgung ist in den letzten 30 Jahren grundlegend verändert **worden**.
2. Früher **wurde** der Müll nicht getrennt.
3. Jetzt muss Müll in verschiedene Mülltonnen **sortiert** werden.
4. Papiermüll, Plastikmüll, Glas und Biomüll werden voneinander **getrennt**.
5. Für Restmüll, Papiermüll und Plastikmüll **werden** von der Stadt verschiedene Mülltonnen zur Verfügung gestellt.
6. Meistens wird Glasmüll zu Glascontainern **gebracht**.
7. Nicht überall kann Biomüll in einer speziellen Biomülltonne gesammelt **werden**.
8. Es wäre gut, wenn der Müll besser wiederverwertet werden **könnte**.

## 20 Artikel – Gebrauch

1 Sachen, die man nicht zählen kann und die eine unbestimmte Menge angeben, haben <u>keinen</u> Artikel.

2a ● Trinkst du normalerweise morgens gerne Tee?
● Nein, morgens trinke ich lieber Kaffee.
● Ich trinke lieber mittags **eine** Tasse Kaffee und meistens esse ich dazu **ein** Stück Schokolade.
● Wie findest du **den** Kaffee? Ich habe **eine** neue Sorte ausprobiert.
● **Der** Kaffee schmeckt sehr gut, besser als **der** Kaffee, den wir sonst immer trinken.

2b ● Hast du heute Zeit? Wir könnten mit **dem** Fahrrad an **den** Rhein fahren und dort **ein** Picknick machen.
● Ich habe leider **kein** Fahrrad hier.
● **Kein** Problem, ich kenne **ein** Geschäft, wo man Fahrräder leihen kann.

- Sind **die** Fahrräder dort denn einigermaßen gut? Mit **einem** schlechten Fahrrad macht eine Fahrradtour **keinen** Spaß.
- **Keine** Ahnung, aber wir können uns **die** Fahrräder ja mal angucken.

2c
- Kommst du heute mit in **die** Kantine? Ich habe schon Hunger.
- Echt? Ich habe noch **keinen** Hunger, aber ich komme trotzdem mit. Heute gibt es Sauerkraut mit Würstchen.
- Super. Ich nehme dazu **eine** Flasche Bier.
- Wirklich? Wenn ich jetzt **ein** Glas Bier trinke, brauche ich erst **einen** Mittagsschlaf, bevor ich weiterarbeiten kann. Ich kann mittags **keinen** Alkohol trinken.
- Ich trinke immer alkoholfreies Bier.

3a 1. ein 2. Der 3. die 4. eine 5. Die 6. der 7. Die 8. der 9. der 10. eine 11. Die 12. einen 13. die 14. der 15. –/die 16. die 17. der 18. den 19. ein 20. kein 21. die 22. einem 23. einem / dem 24. –

3b 1. einen – einen – einen – einen – den
2. einen – der – eine – die – Die

4 1. einer 2. eine 3. – 4. – 5. ein 6. – 7. – 8. einen / den 9. die 10. der 11. ein 12. einem / dem 13. – 14. – 15. – 16. –

# Für Ihre Notizen